Andreas Sommer

Die Momentum Trader-Strategie

Investieren in die besten Wachstumsaktien der Welt

GeVestor
Financial Publishing Group

Bibliografische Information der Deutschen Bibliothek
Die Deutsche Bibliothek verzeichnet diese Publikation
in der Deutschen Nationalbibliografie;
detaillierte bibliografische Daten sind im Internet
über http://dnb.ddb.de abrufbar

Impressum
Momentum Trader · © 2014 by GeVestor Financial Publishing Group
Theodor-Heuss-Straße 2–4 53177 Bonn · Telefon +49 228 9550-185 · Telefax: +49 228 3696-480
Mail: premiumservice@gevestor.de · Internet: www.gevestor.de
Verlagsleiter: Hans Joachim Oberhettinger
Herausgeber: Ferdinand Keuser
Chefredakteur: Andreas Sommer (V.i.S.d.P.)

ISBN 978-3-8125-1865-9

Herstellung: Eberhard Reinecke, Hagenbach
Satz: ce redaktionsbüro für digitales publizieren, Heinsberg
Umschlagmotiv: Alex Slobodkin/istockphoto
Druck: Beltz Bad Langensalza GmbH, Bad Langensalza

GeVestor ist ein Unternehmensbereich der Verlag für die Deutsche Wirtschaft AG
Vorstand Helmut Graf, Guido Ems · USt.-ID: DE 812639372 · Amtsgericht Bonn, HRB 8165

Inhalt

Das Konzept des Momentum Traders

Vorwort

Ich prüfe jedes Angebot. Es könnte die Chance meines Lebens sein!
Henry Ford

Lieber Abonnent,

ich beglückwünsche Sie auf das Herzlichste zu Ihrer Entscheidung, zukünftig für Ihren Börsenerfolg die von mir entwickelte Strategie des Momentum Traders nutzen zu wollen. Mit diesem Handbuch möchte ich Ihnen die von mir entwickelte Strategie näher bringen. Gleichzeitig möchte ich Ihnen aber auch alle möglichen Fragen im Zusammenhang mit dieser innovativen – in Deutschland bislang wohl einzigartigen – gewinnbringenden Strategie beantworten.

Vielleicht ist es Ihnen ja genauso ergangen wie mir: Ich habe mir oft die Frage gestellt, warum ich selbst in den 1990er-Jahren keine Aktien von Microsoft oder Dell Computer gekauft habe. Schließlich gibt es genügend Geschichten von Menschen, die durch den Kauf von Microsoft- oder Dell Computer-Aktien zu Multi-Millionären wurden. Menschen, die diese Aktien „entdeckten", bevor sie ihren Triumphzug um die Welt begannen. Bevor diese praktisch unbekannten „Small Caps" zu den weltbekannten „Blue Chips" wurden, die sie heute sind.

War das nun pures Glück? Oder war es gar Genialität? Die Antwort, die ich darauf gefunden habe, lautet: Es war wohl ein wenig von beidem nötig.

Weder Tarot-Karten noch Kristallkugeln werden Ihnen die Frage beantworten, welches jetzt noch kleine Unternehmen in einigen Jahren einmal seine Branche oder gar den Markt dominieren wird – so wie heute Microsoft oder eBay. Aber glauben Sie mir: Es gibt Analysemethoden und -instrumente, mit denen Sie solche „Goldminen" ausfindig machen können.

Die Strategie des Momentum Traders tut genau dies: Sie identifiziert potenzielle Mega-Wachstums-Aktien. Das heißt aber nicht, dass jede Aktie, die wir Ihnen präsentieren werden, die Microsoft oder Dell Computer dieses Jahrzehnts wird. Aber zweifellos werden wir Ihnen Unternehmen vorstellen, die das Zeug dazu haben, in ihren Bereichen einmal eine marktführende Rolle zu spielen oder aber auf dem Weg dorthin sind. Und die dadurch – so wie Microsoft oder Dell Computer – prädestiniert sind, Ihnen exzellente Kursgewinne einzubringen.

Mit meiner Momentum Trader-Strategie werden Sie aber nicht einfach nur in Wachstumsaktien investieren: Sie werden in die *besten* Wachstumsaktien investieren. Und zwar exakt zu dem Zeitpunkt, wenn sie auf dem Sprung zu ganz großen Kursgewinnen sind.

Warum ich mir da so sicher bin? Weil ich einer alten Lebensweisheit gefolgt bin: „Wenn Du Erfolg haben willst, dann studiere, was andere erfolgreich gemacht hat."

Daher habe ich mich hingesetzt und jede Menge Bücher über alles verschlungen, was nur irgendwie mit Börse zu tun hatte. Und ich habe die großen Kursgewinner der Vergangenheit analysiert. Dabei habe ich einige Prinzipien und Ähnlichkeiten entdeckt, die ich in der Momentum Trader-Strategie verarbeitet habe.

Meine Vorgehensweise bei der Momentum Trader-Strategie mag Ihnen möglicherweise befremdlich erscheinen. Das liegt aber daran, dass Sie bislang gewohnt waren, beim Kauf von Aktien so vorzugehen, wie es die meisten Investoren tun. Aber nur weil die Masse etwas tut, ist dies nicht automatisch auch richtig.

Eine alte Börsenweisheit besagt: „Die Masse liegt immer falsch." Deshalb empfehle ich Ihnen, investieren Sie etwas Zeit und setzen Sie sich mit meiner Momentum Trader-Strategie auseinander. Sie werden feststellen, dass die von mir in vieljähriger Arbeit ausgeklügelte Vorgehensweise nicht nur eine sehr erfolgversprechende, sondern obendrein noch eine risikoarme Strategie ist.

Die von mir ausgewählten Wachstumswerte gehören deshalb zu dem Kreis der Besten, weil ich bei der Suche nach solchen Edelsteinen sehr strenge Maßstäbe an die finanzielle Konstitution dieser Unternehmen anlege. Nur gesunde finanzielle Verhältnisse mindern das Risiko einer Anlage in Wachstumswerte, erhöhen aber zugleich auch das Kurspotenzial.

Sie werden in Aktien investieren, von denen Sie vermutlich durch mich zum ersten Mal erfahren werden. Aber auf Microsoft wurden die Investoren auch erst einige Zeit nach dem Börsengang 1986 aufmerksam. Nachdem die Aktie bereits erste spektakuläre Kursgewinne aufwies. Bis dahin kannten das Unternehmen nur wenige eingeweihte und weitblickende Investoren. Aber Sie können sich darauf verlassen, dass ich Ihnen alles über die von mir ausgewählten Unternehmen berichten werde, was Sie wissen müssen.

So weit, so gut, höre ich Sie sagen. Etwas Ähnliches bieten mir auch andere Börsenbriefe. Das mag in gewisser Hinsicht stimmen, wenngleich wohl kaum ein Börsenbrief ähnlich systematisch und Chance und Risiko abwägend an die Auswahl solcher Wachstumswerte herangeht.

Aber Sie dürfen von mir ja auch noch mehr erwarten! Die Momentum Trader-Strategie schlägt nämlich die Brücke zu etwas, das Ihnen bislang in dieser Form nicht geboten wird: Sie verknüpft die Selektion fundamental starker, schnell wachsender Unternehmen mit dem optimalen Timing beim Kauf dieser Aktien.

Ich habe nämlich etwas herausgefunden, das meine Sichtweise über das Investieren in Aktien nahezu auf den Kopf gestellt hat. Und ich bin mir ziemlich sicher, dass es auch Ihre Sichtweise maßgeblich beeinflussen wird. Was ich herausgefunden habe, wird Ihnen möglicherweise nicht ganz geheuer vorkommen. Aber Sie werden sehen, dass es funktioniert, und verstehen, warum es funktioniert!

Ich werde Ihnen auch sagen, WANN Sie die von mir ausgewählten Aktien kaufen sollen. Die Aktien, die ich Ihnen zum Kauf empfehlen werde, bieten exakt zu dem von mir ausfindig gemachten Zeitpunkt die GRÖSSTMÖGLICHE CHANCE auf hohe und oftmals auch schnelle Kursgewinne. Auf eine kurze Formel gebracht, lautet mein Motto: „TIMING is MONEY!“

Sie merken sicherlich schon: Diese Herangehensweise erfordert von Ihnen ein schnelles Handeln! Und genau das ist auch der Grund, warum der Momentum Trader zu Ihnen nicht in gedruckter Form kommen kann, sondern nur per E-Mail oder Fax.

Aber der Momentum Trader bietet Ihnen noch mehr: Was Sie hier in den Händen halten, ist weit mehr als nur eine Strategie. Es ist ein Konzept, welches Sie komplett und konsequent – von der Analysemethode über den Kauf der Aktie und die Haltephase in Ihrem Depot bis hin zu ihrem Verkauf – begleitet und unterstützt.

Falls Sie der Ansicht sind, ich würde hier doch etwas übertreiben, dann werfen Sie doch einmal einen Blick auf die bisherige Performance der Momentum Trader-Strategie: Seit dem Start des Momentum Traders Anfang Juli 2004 bis zum 31. Dezember 2013 haben meine Leser eine Performance von +373,2% erzielt. Die jährliche Rendite beträgt +17,8%. Mit einem Wertzuwachs von +46,9% hat die Momentum-Trader-Strategie im Jahr 2013 jeden anderen Aktienindex weit hinter sich gelassen. Diese Entwicklungen werden regelmäßig kontrolliert und nachgewiesen durch Studien der unabhängigen WSH Deutsche Vermögenscontrolling Gesellschaft für Portfolio- und Performanceanalyse mbH.

Hier nur einige wenige Beispiele für besonders spektakuläre Investments, die ihnen bislang entgangen sind: Mitte August 2004 empfahl ich meinen Lesern den Kauf des US-Internetportals für Reiseanbieter, Travelzoo. Nur 26 Tage später realisierten meine Leser 98,7% Gewinn.

Den deutschen Finanzdienstleister vivacon AG legte ich meinen Lesern am 10. Januar 2005 ans Herz. Bis Anfang März 2005 fuhren sie satte 88,3% Gewinn ein.

Hansen Natural, den US-Anbieter von Energy-Drinks auf natürlicher Basis stellte ich erstmals im März 2005 vor. 130 Tage später realisierten meine Leser 72,1% Gewinn. Im Anschluss an die darauf folgende Kurskonsolidierung empfahl ich die Aktie ein weiteres Mal zum Kauf. Erfolg: 52,1% in knapp 3 Monaten.

Lange bevor die breiten Anlegerschichten die Aktie entdeckten, empfahl ich den Abonnenten des Momentum Trader den deutschen Hersteller von Kohlefasern, SGL Group. In nicht einmal 4 Monaten verdienten sie fast 50%.

Im August 2010 dachte noch niemand an einen frühen Winter und die gesetzliche Winterreifenpflicht war noch völlig offen, als meine Leser aufgrund meiner Empfehlung die Aktie des Online-Reifenhändlers Delticom AG kauften. Im Trubel des unerwartet frühen Schneechaos Anfang Dezember 2010 stiegen sie mit einem Gesamtgewinn von +50,3% wieder aus.

Im November 2010 legte ich den Momentum Trader-Abonnenten die Aktie des Telekommunikations-Dienstleisters QSC AG ans Herz. Der Turn-Around-Kandidat stand unmittelbar vor dem Ausbruch aus einer vielversprechenden Chart-Formation: Nur 8 Wochen später realisierten meine Leser einen spektakulären Gewinn von +88,1%!

Am 31. Dezember 2012 setzte ich auf eine Kursrallye des amerikanischen Bio-Pharma-Unternehmens Celgene. Mit großem Erfolg: Knapp ein Jahr später realisierten meine Leser einen Teilgewinn von +111,2%!

In den vergangenen Jahren sind die Leser des Momentum Trader mit meinen Markteinschätzungen bestens „gefahren“: Ich hatte am Börsentief des Sommers 2006 den bevorstehenden Kursaufschwung und im Herbst dessen zunehmende Dynamisierung prognostiziert. Während die meisten Börsendienste in der durch die US-Immobilienkrise ausgelösten Korrekturphase im Spätsommer 2007 investiert blieben oder gar noch zukauften, empfahl ich meinen Lesern, das Depot komplett zu räumen und stattdessen mit einem DAX-Put von dem zu erwartenden Kursrückgang zu profitieren. Meine Leser verdienten so von Ende Juni bis Mitte August am Kursrückgang des DAX um 10,3% und fuhren, statt Verlusten, einen Gewinn von satten 50% ein!

Im Januar 2008 hatte ich – 5 Tage vor dem Zusammenbruch der Märkte – empfohlen, das „Momentum Trader“-Depot komplett zu räumen. Am 10. Oktober 2008 wiederum erhöhten wir den Cash-Anteil unseres Depots von 75% auf 100% und haben so den Oktober-Crash bestens überstanden.

Auch den Crash im Herbst 2011 brauchten meine Leser nicht zu fürchten, weil uns das von mir entwickelte Momentum Trader-Markt-Barometer wieder einmal rechtzeitig warnte. Am 2. August, also noch rechtzeitig VOR dem Niedergang der Aktienkurse, empfahl ich die komplette Räumung des Momentum Trader-Depots. 41 Tage später, am 12. September 2011, war der DAX um sage und schreibe 1.831 Punkte bzw. -26,1% abgestürzt! Während andere Investoren in dieser Zeit viel Geld verloren, verdienten meine Leser obendrein an meiner Empfehlung zum Kauf eines DAX Short-ETFs in 15 Tagen +15,8%.

Eines verspreche ich Ihnen bereits jetzt: Wenn Sie die wesentlichen Grundsätze dieses Konzeptes beherzigen, ja verinnerlichen und diese bei Ihren Investments an der Börse umsetzen, werden Sie in Zukunft dauerhaft wesentlich erfolgreicher mit Aktien operieren. Und Sie werden merklich gelassener mit Ihren Investments umgehen.

Ich wünsche Ihnen viel Spaß bei der Lektüre des Handbuches und uns eine erfolgreiche Zusammenarbeit!

Ihr
Andreas Sommer, Chefanalyst Momentum Trader

Wie Sie mit diesem Handbuch arbeiten sollten

Manche Bücher sind zum Anbeißen da,
andere, um verschlungen zu werden, und einige
wenige sollte man gut durchkauen und verdauen.
Sir Francis Bacon

Dieses Handbuch, in dem Sie gerade blättern, unterscheidet sich möglicherweise von anderen, die Sie bisher gelesen haben. Ich empfehle Ihnen daher, an dieses Handbuch anders heranzugehen.

Lassen Sie sich nicht von der Fülle der Informationen abschrecken. Es stecken (meine) mehr als drei Jahrzehnte umfassende Börsenerfahrung und einige Monate Arbeit in diesem Manual.

Selbstverständlich erwarte ich nicht von Ihnen, dass Sie dieses Werk in einem Zug von vorne bis hinten durchlesen. Falls Sie es doch tun, werte ich dies als Anerkennung meiner Arbeit. Wer weiß?

Ich habe mich bemüht, dieses Handbuch wie ein Arbeitsbuch für Sie zu gestalten. (Das sollte ein Handbuch ja wohl auch sein, nicht wahr?) Also nutzen Sie es auch als ein solches: Machen Sie sich Notizen, markieren Sie sich wichtige Passagen, damit Ihnen bei einem späteren Durchschauen sofort das für Sie Wichtige ins Auge springt.

Last not least ist dieses Manual ein Arbeitsbuch für die Praxis. Sie erfahren von mir,

- was ich in der Momentum Trader-Strategie mache
- warum ich es so und nicht anders mache und
- wie ich es mache

Und zwar so, dass Sie es daheim genauso nachvollziehen könnten.

Ich wünsche mir, dass Sie in diesem oder jenem Kapitel für sich völlig neue Dinge erfahren, die Sie gerne in Ihre eigene Investment-Praxis einbauen und umsetzen wollen. Aber ganz besonders wünsche ich mir natürlich, dass Sie an der von mir vorgestellten Strategie Gefallen finden und sie für sich selbst einsetzen.

Wie sagt ein altes chinesisches Sprichwort: *„Wenn jemand etwas Wertvolles mit Dir teilt und Du daraus einen Gewinn erzielst, dann bist Du verpflichtet, es ebenso mit anderen zu teilen."*

Ich wünsche Ihnen daher zuletzt, dass Sie mit der Momentum Trader-Strategie einen solchen Erfolg haben, dass Sie Ihre damit gemachten Erfahrungen gerne mit anderen Menschen teilen, damit diese dann Ihrerseits von meiner Momentum Strategie profitieren.

Die Strategie des Momentum Traders

Chancen ergreift nur ein vorbereiteter Geist.
Louis Pasteur, Chemiker und Bakteriologe

1 Eine Idee wird geboren

Möglicherweise sagen Sie sich jetzt: „Was interessiert mich, wie der Herr Sommer zu dieser Strategie-Idee gekommen ist? Ich will Fakten lesen!"

Das kann ich gut nachvollziehen. Dennoch bitte ich Sie, auch und gerade diesen Abschnitt vorab zu lesen. Denn er vermittelt Ihnen einige grundsätzliche Gedanken, die zu Ihrem Verständnis beitragen werden, warum Sie mit meiner Momentum Trader-Strategie nicht nur nackte Kaufempfehlungen erhalten werden. Denn das ist es, was die Mehrzahl der Börsenbriefe bietet. Der Momentum Trader bietet Ihnen jedoch sehr viel mehr.

1.1 Rückschau

Zwischen 2001 und 2002 hatte ich aufgrund der Börsensituation reichlich Gelegenheit, meine letzten 22 Jahre als Aktien-Anleger einmal Revue passieren zu lassen. Dabei fielen mir drei Dinge ganz besonders auf:

- Einerseits goldene Börsenzeiten in den 90er- und weiten Teilen der 80er-Jahre und andererseits die wohl schlimmsten Börsenjahre seit dem Börsenkrach von 1929 in diesem noch jungen Jahrzehnt
- Aktien, die mit ihrer Performance das vergangene Jahrzehnt maßgeblich geprägt haben, waren zum allergrößten Teil an mir vorbeigelaufen
- Noch schlimmer: Trotz der guten 80er- und 90er Jahre hatte auch ich bis 1996 oft reichlich Verluste mit Aktien, Optionen oder Optionsscheinen gemacht.

Sicher: Ich hatte das Ende der Mega-Spekulationsblase Anfang 2000 für mich korrekt vorhergesehen und war rechtzeitig ausgestiegen. Und ich hatte in den vier Jahren zuvor mit Aktien eine Menge Geld verdient. Aber im Wesentlichen eben nur in den letzten vier Jahren dieser Mega-Hausse. Manch großen Gewinner der 1990er-Jahre aber – und es gab eine Menge davon, glauben Sie mir – hatte ich auch verpasst.

1.2 Was Ihr Bankberater und die meisten Börsenbriefe Ihnen nicht sagen

Während ich davon hörte und dabei zusah, dass Aktien wie Microsoft, Cisco Systems, Dell Computer, Intel oder America Online (ging später im weltweit größten Medienkonzern Time Warner auf) am Börsenhimmel aufstiegen und ihren Aktionären traumhafte Gewinne bescherten, kaufte ich oft ohne jegliches System Aktien. Häufig, weil sie in diversen Börsenmagazinen als außerordentlich aussichtsreich empfohlen wurden. Oder ich kaufte, wenn ich einen heißen Tipp von einem Freund oder Kollegen erhielt. Dann wieder schnappte ich im Fernsehen, in der Telebörse oder ähnlichen Börsensendungen „interessante" Anlageideen auf.

Wahrscheinlich haben Sie in dieser Hinsicht auch schon eigene Erfahrungen mit Ihrem Bankberater gemacht? Sie haben es vielleicht ja schon selbst erlebt: Lukrative Investmentideen hat Ihr Bankberater möglicherweise selten für Sie entwickelt. Warum? Weil die Bankberater auch unter Zeit- und Erfolgsdruck von oben stehen. Woher ich das weiß? Nun, ich war selbst zehn Jahre lang Anlageberater …

Jeder hatte Tipps und gute Ratschläge für mich. Aber kaum jemand sagte mir, WANN ich die Aktien kaufen sollte. Oder präziser gesagt: Fast immer sollte ich sofort kaufen, weil die Aktie jetzt gerade günstig zu haben sei (was sich in den meisten Fällen jedoch als eher ungünstig herausstellte).

Was mir auch niemand sagte: Wann ich *verkaufen* sollte. Und schon gar nicht wurde mir dies gesagt, wenn der „heiße Tipp" sich als Rohrkrepierer entpuppte. Manche Börsenbriefe haben es in dieser Hinsicht zur Meisterschaft gebracht: Sie stellen im Nachhinein fest, dass sie die Aktie ja „gottseidank" seinerzeit nicht ausdrücklich empfohlen hatten, und hoffen, dass Sie dies nicht als Kaufempfehlung verstanden haben …

Die meisten Börsenbriefe und Anlegermagazine sind überdies so angefüllt mit Kaufempfehlungen, dass ich oft nicht wusste, für welche Empfehlung ich mich denn nun entscheiden sollte. Und da ich nicht Bill Gates bin, hatte ich auch nur begrenzte Anlagemittel zur Verfügung.

Haben Sie schon einmal darüber nachgedacht, warum die meisten Börsenbriefe ihre Leser Woche für Woche mit Kaufempfehlungen „zuschütten"?

Hierfür gibt es aus meiner Erfahrung zwei Gründe:
- sie müssen ihre Daseinsberechtigung nachweisen
- je höher die Empfehlungsquote ist, desto höher ist die statistische Wahrscheinlichkeit, einen Gewinner dabei zu haben.

Aktienmärkte steigen und fallen. Aber kaum ein Börsenbrief „warnte“ mich je davor, dass es besser sein könnte, eine Zeit lang generell nicht oder zumindest mit weniger Einsatz an der Börse zu agieren. Und nur sehr wenige sprachen gar eine klare Verkaufsempfehlung aus, als im März 2000 die Spekulationsblase platzte. Aber selbst wenn, fuhren sie oft schon nach kurzer Zeit wieder in den alten Gleisen und empfahlen Aktien, was das Zeug hielt.

Vielleicht erkennen Sie sich hier ja auch wieder oder hegten bereits einmal ähnliche Gedanken.

1.3 Erste Fragen und erste Erkenntnisse

Mich führten diese Überlegungen zu einigen zentralen Fragen:
- Wie finde ich als Privatanleger die besten Aktien?
- Wie kann ich größere Verluste beim Investieren vermeiden?
- Gibt es Signale, die uns vor größeren Risiken im Markt warnen, und wie erkenne ich sie?
- Wie vermeide ich es, wahllos zu investieren?

Meine spontane Reaktion war: Man müsste ein System oder eine Strategie entwickeln, die alle diese Punkte miteinander kombiniert.

Zunächst einmal wollte ich jedoch darüber Klarheit erlangen, wie sich die für mich wichtigsten Aktienmärkte im letzten Jahrzehnt entwickelt hatten und ob ich daraus Schlussfolgerungen für mich ziehen konnte.

Da ich überwiegend in deutsche, amerikanische und japanische Aktien investiert hatte, durchforstete ich also meine Datenbank und trug die Entwicklungen der wichtigsten Indizes dieser Länder zusammen und verdichtete sie in der nachstehenden Tabelle. Dabei konzentrierte ich mich zunächst einmal auf die Entwicklung der 90er-Jahre.

1.4 Welche Märkte waren (sind) die attraktivsten?

Schauen Sie sich die Tabelle einmal in Ruhe an: Es ist unschwer zu erkennen, in welchem Anlageland Sie am besten aufgehoben waren. Erstaunlich war für mich, dass der FAZ-Index (der Aktienindex der Frankfurter Allgemeinen Zeitung) markant schlechter abschnitt als der Index der 30 größten deutschen Aktien, der DAX. (Hinweis: Der FAZ-Index umfasst 100 deutsche Aktien, bildet also den deutschen Aktienmarkt umfassender ab.)

Indexstände vom 02.01.90 + 31.12.99	Performance	Index
38.712,88 18.934,34	-51,1%	Nikkei 225
746,24 2.163,50	+189,9%	FAZ Index
1.814,38 6.958,14	+283,5%	DAX
359,69 1.469,25	+308,5%	Standard & Poors 500
2.810,15 11.497,12	+309,1%	Dow Jones Industriewerte
459,33 4.069,31	+785,9%	Nasdaq Composite

Der Grund hierfür ist meiner Ansicht nach darin zu suchen, dass sich Deutschland als Anlageland für große Investoren nur bedingt eignet. Wählen diese Groß-Investoren, beispielsweise aus den USA oder Japan, Deutschland für eine Zeitspanne als attraktives Anlageland aus, so müssen sie sich zwangsläufig auf großkapitalisierte Unternehmen fokussieren, also eben auf DAX-Titel. Und Deutschland war insbesondere Anfang der 1990er-Jahre, nach der Wende im Oktober 1989, für ausländische Investoren sehr attraktiv.

1.5 Die besten Aktienmärkte von 1970 bis 1999

10 Jahre sind recht interessant – aber wie sieht das Ergebnis über einen größeren Zeitraum aus?

Die Zahlen in den grauen Feldern markieren jeweils die Performance von 1970 bis 1999.

Bei genauerer Untersuchung fielen mir folgende Punkte besonders auf:

1. In den 1970er- und 1980er-Jahren hatte der japanische Aktienmarkt klar die Nase vorn
2. Mit deutschen Aktien machten Sie in den 1970ern sogar Verluste, während sich US-Aktien zwischen 3,6% und 51% verteuerten

S & P 500 Index			
02.01.30	21,18		
30.12.39	12,49	-41,0%	
02.01.40	12,63		
31.12.49	16,76	+32,7%	
03.01.50	16,66		
31.12.59	59,89	+259,5%	
04.01.60	59,91		
31.12.69	92,06	+53,7%	
02.01.70	93,00		
31.12.79	107,90	+16,0%	
02.01.80	105,76		
29.12.89	353,40	+234,2%	
02.01.90	359,69		
31.12.99	1.469,25	+308,5%	+1.479,8%

Dow Jones Industriewerte Index			
02.01.20	108,80		
31.12.29	248,50	+128,4%	
02.01.30	244,20		
29.12.39	149,90	-38,6%	
02.01.40	151,40		
30.12.49	200,50	+32,4%	
03.01.50	199,00		
31.12.59	679,30	+241,4%	
04.01.60	679,10		
31.12.69	800,40	+17,9%	
02.01.70	809,20		
31.12.79	838,70	+3,6%	
02.01.80	824,60		
29.12.89	2.753,20	+233,9%	
02.01.90	2.810,15		
31.12.99	11.497,12	+309,1%	+1.320,8%

Nasdaq Composite Index *)			
05.02.71	100,00		
31.12.79	151,14	+51,1%	
02.01.80	148,17		
29.12.89	454,82	+207,0%	
02.01.90	459,33		
31.12.99	4.069,31	+785,9%	+3.969,3%

*) der Nasdaq Composite wurde am 05.02.1971 mit 100 Punkten eingeführt

Deutscher Aktienindex DAX			
04.01.60	426,08		
31.12.69	622,38	+46,1%	
02.01.70	629,11		
28.12.79	497,79	-20,9%	
02.01.80	493,47		
28.12.89	1.790,37	+262,8%	
02.01.90	1.814,38		
30.12.99	6.958,14	+283,5%	+1.006,0%

Nikkei 225 *)			
31.01.70	2.316,98		
28.12.79	6.569,47	+183,5%	
02.01.80	6.569,47		
28.12.89	38.915,87	+492,4%	
02.01.90	38.712,88		
30.12.99	18.934,34	-51,1%	+717,2%

*) Daten erst ab 31.01.1970 verfügbar

3. Deutsche und US-Aktien entwickelten sich in den 1980er-Jahren ähnlich
4. In den 1990ern war es mit Abstand am erfolgreichsten in US-Aktien investiert zu sein
5. US-Aktien waren über die gesamten 30 Jahre gesehen das beste Anlageland
6. An der Nasdaq konnten Sie in den letzten 30 Jahren Ihr Vermögen viermal mehr steigern als im DAX

Lassen Sie mich an dieser Stelle ein paar Zahlen einmal relativieren: 785% Performance konnten Sie in zehn Jahren mit einer Buy & Hold-Strategie machen, wenn Sie konsequent auf einen Index wie die Nasdaq gesetzt hätten. Aus 100 $ wären so 885 $ geworden, aus 1.000 $ schon 8.850 $ und aus 100.000 $ gar 885.000 $. Wer das bewerkstelligt hätte, wäre sicherlich ein herausragender Investor. Bedenken Sie: Um ein solches Anlageergebnis zu erzielen, müssten Sie Jahr für Jahr kontinuierlich und ausnahmslos 27,41% Performance erzielen und den erzielten Gewinn immer wieder re-investieren. In guten wie in schlechten Zeiten …

Die Nasdaq-Performance von 3.969% zwischen 1970 und 1999 war mit halb so viel „Mühe“ zu schaffen: 13,632% pro Jahr.

1.6 Einige wenige Aktien erzielten sensationelle Kursgewinne

Solche Renditen Jahr für Jahr zu erzielen, ist schon eine echte Herausforderung. Aber bedenken Sie: Wir haben „nur“ dem Markt den Puls gemessen! Und ein Index beinhaltet natürlich nicht nur Gewinner, sondern auch Verlierer. Daher war meine nächste Überlegung, doch einmal zu untersuchen, welche Performance einzelne Aktien in diesem Zeitraum erreicht haben. Eines vorab: Das Ergebnis überraschte selbst mich!

Anlagebetrag	jährl. Rendite
100 €	13,632%
114 €	13,632%
129 €	13,632%
147 €	13,632%
167 €	13,632%
189 €	13,632%
215 €	13,632%
245 €	13,632%
278 €	13,632%
316 €	13,632%
359 €	13,632%
408 €	13,632%
463 €	13,632%
527 €	13,632%
598 €	13,632%
680 €	13,632%
773 €	13,632%
878 €	13,632%
998 €	13,632%
1.134 €	13,632%
1.288 €	13,632%
1.464 €	13,632%
1.663 €	13,632%
1.890 €	13,632%
2.148 €	13,632%
2.441 €	13,632%
2.773 €	13,632%
3.152 €	13,632%
3.581 €	13,632%
4.069 €	13,632%

Aus meiner Datenbank von weit über 5.000 Aktien sortierte ich alle Aktien aus, die zwischen dem 1.1.1990 und dem 31.12.1999 nicht ununterbrochen gehandelt wurden. Nicht berücksichtigt sind dementsprechend natürlich Werte, die während der 1990er-Jahre oder seit Ende 1999 vom Kurszettel verschwanden (z.B. durch Übernahmen). Die Messung musste zudem auf splitbereinigter Basis erfolgen – daher die bei einigen Aktien oft niedrige Ausgangsbasis von wenigen Cent. Rein rechnerisch spielt das natürlich keine Rolle.

Übrig blieben knapp 2.150 Aktien. Davon war ein Drittel „Schrott“, also Aktien, die zwischen 0% Kursgewinn und Totalverlust rangierten. Im Klartext: Bei wahllosem Investieren hatten Sie eine 1:3-Chance, in einen Flop statt in eine Gewinneraktie zu investieren!

Rund 42% der untersuchten Aktien konnten sich in diesem Zeitraum im Kurs verdoppeln. Schaut auf den ersten Blick gut aus, ist aber beileibe nicht viel: Dazu muss eine Aktie gerade einmal 8% pro Jahr im Kurs zulegen. Das konnten Sie Anfang 1990 „locker“ mit einer 10-jährigen DM-Staatsanleihe erzielen (wenn Sie den Zinsertrag jedes Jahr re-investierten). Übrigens verzinsten sich 10-jährige DM-Staatsanleihen Anfang 1980 ebenfalls mit 8%.

Fazit:
Eine Kursverdoppelung in zehn Jahren ist ganz nett, reichte mir aber bei weitem nicht.

Nur 12,1% aller Unternehmen (siehe Tabelle: Kategorien A, B und C) steigerten den Kurs ihrer Aktie in diesen zehn Jahren um mehr als 500% – das entspricht einer jährlichen Performance von 19,57%. Anders ausgedrückt: Nur jede zwölfte Aktie schaffte ein solches Ergebnis! Wie Sie sehen, steigt die Chance, auf die falsche Aktie zu setzen, schon erheblich an! Und dabei haben wir noch immer nicht die „durchschnittliche" Nasdaq-Performance von jährlich 27,41% erreicht.

Nur mit 169 oder 7,9% aller untersuchten Aktien konnten Sie besser als der Markt, also die Nasdaq (+785,9%), abschneiden!

Von 2.147 Aktien erzielten			zwischen
Aktien	**%-Anteil**	**Kursgewinne von**	**Kategorie**
22	+1,0%	mehr als 5.000%	A
103	+4,8%	1.000 bis 4.999%	B
136	+6,3%	500 bis 999%	C
642	+29,9%	100 bis 499%	D
543	+25,3%	0 bis 99%	E
701	+32,7%	-1 bis -100%	F
2.147	+100,0%	Summe	

Jetzt war mein Interesse natürlich erst recht geweckt: Wie viele Aktien haben wohl in diesen 10 Jahren eine Performance aufweisen können, für die die Nasdaq 30 Jahre benötigt hat? Um ein solches Ergebnis vorzuweisen, müsste eine Aktie 10 Jahre in Folge jeweils um 50,95% im Kurs steigen!

Das Resultat war auch für mich unglaublich! 25 Aktien oder 1,2% der untersuchten Titel waren in der Lage, in zehn Jahren eine bessere Performance zu erzielen, als der Nasdaq Composite Index in 30 Jahren! Aber schauen Sie selbst: Die Tabelle auf der folgenden Seite enthält die 30 größten Gewinner der 1990er-Jahre.

Sie sehen: Hätten Sie nur einen der ersten 25 Titel im Depot gehabt und konsequent 10 Jahre lang gehalten, so konnten Sie sogar die exzellente Nasdaq-Performance der letzten drei Jahrzehnte von 3.969% in nur einem Drittel der Zeitspanne „locker" schlagen!

Ich fand dieses Ergebnis sehr ermutigend. Zeigte es doch, wie viele „Kursraketen" es gab. Und wenn es so viele gab, so musste es auch einen Weg geben, solche „Megagewinner" aus der Masse der Aktien herauszufiltern.

1.7 Schlussfolgerungen

Drei weitere Dinge fielen mir bei längerer Betrachtung ins Auge, die ich auch Ihnen nochmals verdeutlichen möchte:

Rang	Aktie	Land	Kurs am 02.01.1990 *)	Kurs am 31.12.1999 *)	Performance
1	Dell Corp	USA	0,06	51,00	+84.900%
2	EMC Corp	USA	0,08	54,95	+68.588%
3	Tellabs Inc	USA	0,38	64,19	+16.792%
4	Semtech Corp	USA	0,16	26,06	+16.188%
5	Clear Channel Communications	USA	0,59	89,25	+15.027%
6	Nokia Corp. A	Finnland	0,33	44,88	+13.500%
7	Best Buy Co Inc	USA	0,35	33,50	+9.471%
8	Microsoft Corp	USA	0,62	58,38	+9.316%
9	Maxim Integrated Products	USA	0,52	47,19	+8.975%
10	The Charles Schwab Corp	USA	0,31	25,50	+8.126%
11	Techne Corp	USA	0,34	27,53	+7.997%
12	American Power Conversion	USA	0,35	26,38	+7.437%
13	Sun Microsystems Inc	USA	0,56	38,72	+6.814%
14	Applied Materials Inc	USA	0,46	31,67	+6.785%
15	Safeguard Scientifics Inc	USA	0,79	54,33	+6.777%
16	NBTY Inc	USA	0,17	11,56	+6.700%
17	Jack Henry & Associates	USA	0,20	13,42	+6.610%
18	WCM Beteiligungs- und Grundbesitz AG	Deutschland	0,45	28,88	+6.318%
19	Amgen Inc	USA	1,07	60,06	+5.513%
20	Altera Corp	USA	0,45	24,78	+5.407%
21	SAP	Deutschland	3,62	199,31	+5.406%
22	Linear Technology	USA	0,66	35,78	+5.321%
23	California Amplifier Inc	USA	0,56	26,31	+4.598%
24	Oracle Corp	USA	0,60	28,02	+4.570%
25	Theragenics Corp	USA	0,22	9,06	+4.018%
26	Micron Technology Inc	USA	1,00	39,06	+3.806%
27	Electronic Arts Inc	USA	0,55	21,00	+3.718%
28	The Home Depot Inc	USA	1,86	68,75	+3.596%
29	Intel Corp	USA	1,13	41,16	+3.542%
30	Inter-Tel Inc	USA	0,69	25,00	+3.523%

*) Aktienkurse sind splittbereinigt

- 125 der 2.146 Aktien (Kategorie A und B) erreichten einen Kursgewinn von 1.000% und mehr. Davon stammten 110 Aktien aus den USA, drei aus Deutschland (WCM, SAP und Commerzbank Restquoten) und je zwei aus Frankreich (Carrefour, L'Oréal), den Niederlanden (Aegon, ABN) und Hongkong (Hutchinson Whampoa, Cheung Kong). Je eine Aktie stammte aus Spanien (Telefonica), der Schweiz (GS Roche Genussscheine), Großbritannien (HSBC Holdings), Israel (Teva Pharmaceuticals), Kanada (Nortel Networks) und Finnland (Nokia). Lediglich 3 der 30 Top-Performer stammten nicht aus den USA.
- Selbst mir als altem Börsenfuchs waren 8 der 30 Top-Titel völlig unbekannt! Ich möchte wetten, dass die Mehrzahl der Leser gerade einmal die Hälfte bis zwei Drittel dieser Titel kennt!
- Aber selbst wenn Sie mehr als die Hälfte kennen – mal ehrlich: Wie viele dieser Titel kannten sie schon Anfang 1990? Der überwiegende Teil der Unternehmen dieser Top 30-Liste waren Anfang 1990 mehr oder weniger unbeschriebene Blätter. Heute sind es zumeist Weltunternehmen.

1.8 Die gemeinsame Basis

Aber was war der Grund dafür, was war die Gemeinsamkeit, die alle diese Aktien im Kurs derart explodieren ließ?

Die Antwort liegt im letzten Punkt versteckt: Alle Unternehmen wurden über viele Jahre zu dem, was Sie heute sind. Und sie erreichten diese Größe, weil zwei Dinge zusammentrafen:

- Ein einzigartiges, innovatives Produkt oder Dienstleistung in einem jungen Markt
- Die Vision und die Fähigkeit des Managements, diese Geschäftsidee **profitabel** in die Welt zu tragen.

Nehmen Sie Microsoft: Bill Gates hatte die Vision, dass jeder Haushalt einmal einen PC haben sollte. Und alle diese PCs sollten mithilfe seines Betriebssystems (erst MS-DOS, später dann Windows) bedient werden. Das Produkt – das Betriebssystem – war einzigartig, innovativ und Microsoft bewegte sich in einem jungen Markt. Bill Gates hatte die Vision und die Fähigkeit, seine Geschäftsidee profitabel in die Welt zu tragen.

Wie erfolgreich die Umsetzung dieser Punkte jedem einzelnen Unternehmen gelingt, können Sie in seiner Bilanz und seinem Quartalsbericht ablesen: In der Entwicklung der Gewinne und Umsätze. Je dynamischer sich die Kennziffern entwickeln, desto stärker steigt der Aktienkurs des Unternehmens.

Damit war die Idee geboren:
Ein System zu entwickeln, welches die Unternehmen mit dem größten Wachstum aus der Masse der Aktien herausfiltert.

2 Was ist anders beim Momentum Trader?

Der Momentum Trader ist anders als andere Börsenbriefe und Anlegermagazine:

- Der Momentum Trader empfiehlt keine Aktien, weil sie gerade von vielen „gespielt" werden. Denn dann ist der größte Teil des Aufschwungs meist vorbei.
- Der Momentum Trader empfiehlt keine Aktien, nur weil irgendein Biotech-Unternehmen wieder einmal ein neues Präparat entwickelt hat. Bis diese Info bei mir und bei Ihnen ankommt, ist die Aktie meist schon explodiert – wenn Sie dann einsteigen, sind Verluste vorprogrammiert.
- Der Momentum Trader empfiehlt keine Aktien, weil sich gerade ein kurzfristiger „Trade" anbietet. Von derartigen Trader-Diensten gibt es bereits jede Menge. Manche von ihnen sind gut, aber die große Masse eben nicht. Und der Momentum Trader „zockt" nicht.
- Der Momentum Trader empfiehlt auch keine Aktien aufgrund von Insider-Informationen. Wir bauen nicht auf Geheimniskrämereien oder interne Äußerungen hinter vorgehaltener Hand durch Mitglieder der Führungsetage.

2.1 Hohe Gewinnchancen durch Fokussierung auf Growth + Value

Es gibt viele Strategien, um mit Aktien Geld zu verdienen. Dennoch verdienen nur wenige kontinuierlich Geld mit Aktien.

Die erfolgreichsten Strategien nutzen Value- oder Growth-orientierte Ansätze. Häufig werden diese Ansätze als konträr zueinander gewertet – beide Seiten beanspruchen oftmals für sich, der einzig „wahren" Strategie zu folgen.

Wachstumsorientierte Investoren zielen auf Unternehmen ab, die in der Vergangenheit kontinuierlich Gewinne und Umsätze gesteigert haben – im Durchschnitt der letzten Jahre um meist 15% und mehr.

Wachstumsunternehmen haben zumeist qualitativ hochwertige, manchmal auch innovative Produkte oder Dienstleistungen, die sie mit einer hohen Gewinnmarge verkaufen. Sie haben zudem aufgrund ihres überproportional hohen Gewinnwachstums fast immer hohe KGVs (Kurs-Gewinn-Verhältnisse).

Value-orientierte Investoren zielen auf Unternehmen ab, von denen sie glauben, dass sie unterbewertet sind. Sie analysieren die Bilanzen und Gewinn- und Verlustrechnungen eines Unternehmens auf der Suche nach versteckten Werten, dem „inneren Wert". Value-Investoren kaufen bevorzugt Aktien mit niedrigen KGVs oder niedrigen Kurs-Buchwert-Relationen.

Allerdings haben Value-Strategien häufig den Nachteil, dass der Markt die ausfindig gemachte Unterbewertung erkennen und ausgleichen muss. Dies kann manchmal sehr viel Zeit in Anspruch nehmen – hin und wieder geschieht es auch gar nicht.

2.1.1. Die Wahrheit über KGVs

Der Markt bewertet jede Aktie zu jeder Zeit mit exakt dem Preis, den sie wert ist. Wird eine Aktie aktuell mit einem KGV von 6 gehandelt, dann ist sie auch nur sechsmal ihren Gewinn pro Aktie wert. Wird eine Aktie zur Zeit mit einem KGV von 52 gehandelt, dann ist sie eben 52mal ihren Gewinn pro Aktie wert. In dem Moment, in dem sich die Gewinne durch Veröffentlichung der Quartalszahlen nach oben oder unten verschieben, verändern sich auch die KGVs – nämlich durch die Bewertung des Marktes!

Deshalb ist es meiner Ansicht nach unsinnig zu behaupten, eine Aktie sei einzig aufgrund ihres KGVs ein Schnäppchen oder vollkommen überbewertet. Genauso wie es unsinnig wäre, zu behaupten, Michael Schumacher hätte für das Gehalt eines seiner Renn-Ingenieure sein Leben riskieren müssen.

Ein vielleicht übertrieben wirkendes Beispiel – aber bei Aktien mit KGVs von 95 oder 189 reagieren wir doch meist genauso, oder nicht? Ein Michael Schumacher war zu jeder Zeit seiner aktiven Laufbahn soviel wert, wie Rennstall, Medien und Werbemanager bereit waren zu bezahlen. Ob uns das nun gefällt oder nicht, interessiert den Markt nicht!

Es gibt Studien, die zeigen, dass die großen Kursgewinner der 90er-Jahre zu Beginn ihrer Kursanstiege um 500 oder 1.000% ein KGV von durchschnittlich 31 aufwiesen. Am Ende ihrer Kursaufschwünge hatten sie ein KGV von durchschnittlich etwas mehr als 70!

Hätten Sie Aktien mit diesen KGVs gekauft?	KGV zu Beginn des Kursanstieges	Beginn des Kursanstieges	Kursgewinn	Dauer des Kursanstieges in Monaten
Amgen	300	Mrz 90	650%	22
America Online	205	Okt 98	557%	6
Mindspring	157	Nov 98	237%	5
Ascend Communications	49	Aug 94	1.380%	15
MCI Communications	42	Apr 98	266%	17

2.2 Die Erfolgsformel des Momentum Traders: Wachstum + Timing = hohe Kursgewinne

Solche gewaltigen Kursgewinner wären dem Value-Investor nur wegen des KGVs praktisch komplett „durch die Lappen" gegangen. Dauerhaft erfolgreiche Value-Investoren wie Warren Buffett sind nicht nur eher selten – für den „normalen" Investor ist es auch außerordentlich schwierig, seine Investmentansätze selbst nachzuvollziehen. Den meisten Privatanlegern mangelt es schon an der dafür notwendigen „Man-Power", um Buffett's Analysemethoden bis ins Detail nachzuahmen.

Deshalb kombiniert der Momentum Trader für seine Aktienauswahl die sinnvollsten und Erfolg versprechendsten Komponenten der Value- und der Growth-Strategie und verknüpft sie im Anschluss für das optimale Timing mit den besten Elementen der Technischen Analyse.

Der Momentum Trader wählt attraktive Wachstumswerte mit einem ausgeklügelten System aus. Dabei finden strenge fundamentale Kriterien – maßgeschneidert – Berücksichtigung, die das Investitionsrisiko dramatisch absenken.

Wenn eine Aktie beim Momentum Trader nicht durch das Empfehlungsraster fallen will, braucht es mehr als NUR eine Modeerscheinung, ein Einzelereignis, eine Tradingmöglichkeit, eine Unterbewertung oder Insiderwissen.

Die für das Momentum Trader-Konzept herangezogenen Kriterien sind anders: Sie sind OBJEKTIV! Es sind FAKTEN, die vom Unternehmen geschaffen wurden! Sie sind von JEDEM nachvollziehbar. Sie orientieren sich an der REALITÄT und unterliegen daher keiner SUBJEKTIVEN MEINUNGSBILDUNG.

Der Momentum Trader ist nicht nur eine Strategie, sondern ein umfassendes, begleitendes Konzept. Ich lasse Sie mit den von mir sorgfältigst ausgewählten Empfehlungen nicht im Stich: Ich versorge Sie nach der Empfehlung mit allen Fakten, Neuigkeiten und Entwicklungen zum Unternehmen und teile Ihnen mit, wo Sie Ihr Stop-Loss setzen müssen und wann Sie es aufgrund der gestiegenen Kurse nach oben anpassen müssen.

2.3 Aktienauswahl mit System

Aktien werden nur allzu oft nach subjektiven Kriterien ausgewählt. Da werden Aktien gekauft,

- weil man früher schon einmal gut damit verdient hat
- weil der Bekannte eines Freundes bei dem Unternehmen arbeitet und „hinter vorgehaltener Hand" verrät, dass der Chef gemeint hat, dass es zur Zeit „richtig gut läuft"

- weil der Name der Aktie so wohlklingend ist (unglaublich, aber das gibt es öfter als Sie denken!)
- weil man in einer gerade boomenden Branche investieren will und diese Aktie „noch nicht gelaufen ist“
- weil der Nachbar einen „Geheimtipp“ bekommen hat
- weil das eine ganz bekannte Marke ist und da ja kaum was „schief gehen“ kann
- weil die Biotechfirma ein sensationelles Präparat für die Krebsbekämpfung entwickelt (das zwar noch fünf bis acht Jahre an Patienten getestet werden muss und bis dahin nur Entwicklungskosten verursacht) und die Aktie nach Bekanntgabe um 30% gestiegen ist

und, und, und …

Die Mehrzahl solcher Investments enden als Verlustgeschäft, weil die Aktie nicht nach objektiven Kriterien ausgewählt wurde.

Was ich mit objektiven Kriterien meine? Sag ich Ihnen gerne. Ich gebe Ihnen ein Beispiel:

Sie wollen sich ein neues Auto kaufen und lassen sich zu diesem Zweck bei sechs verschiedenen Autohändlern beraten. Denn Sie suchen einen Wagen, der ganz speziell auf Ihre Bedürfnisse zugeschnitten ist: Er muss

- sparsam im Verbrauch sein
- eine sechsköpfige Familie transportieren können
- eine bestimmte Fahrleistung erbringen
- neueste Sicherheitsstandards erfüllen
- viel Komfort haben
- möglichst wenig kosten
- und eine Menge weiterer Wünsche erfüllen.

Nach Vergleich der angebotenen Modelle kommen zwei in Ihre engere Wahl. Letztlich entscheiden Sie sich dann für dasjenige, welches Ihre Ansprüche am besten abdeckt.

Sehen Sie, worauf ich hinaus will?

Wenn Sie sich ein Auto kaufen, klopfen Sie das kleinste Detail ab und wählen nach objektiv mess- und vergleichbaren Kriterien Ihren Wagen aus. Bei Aktien, wo es oftmals um viel Geld – Ihr Geld – geht, gehen Sie hingegen beinahe fahrlässig bei der Auswahl vor.

Das macht der Momentum Trader nicht: Ich suche systematisch nach den vielversprechendsten Aktien. Und dies anhand von Kriterien, die jederzeit nachvollziehbar und von jedem überprüfbar sind. Und: Ich empfehle Ihnen nur Aktien, die allen meinen Qualitätsansprüchen (fundamental und technisch) entsprechen.

2.4 Innovative Kombination der Fundamentalen und Technischen Analyse

Bei den Kriterien, nach denen ich Aktien auswähle, bevorzuge ich Fakten. Fakten sind Kriterien, die sich nicht „beliebig interpretieren" lassen.

Die Fakten, die ich untersuche, sind fundamentale Kennziffern, die mir das Unternehmen liefert: Jedes Unternehmen ist gesetzlich verpflichtet, einmal im Jahr eine Bilanz und eine Gewinn- und Verlustrechnung über den Geschäftsverlauf des zurückliegenden Jahres zu veröffentlichen. Viele Unternehmen berichten überdies turnusmäßig alle drei Monate über den Stand ihres Geschäfts. Und nur solche Unternehmen kommen für den Momentum Trader überhaupt in Betracht.

Ich schaue also auf Zahlen und Fakten, die schwarz auf weiß nachprüfbar sind (Bilanzbetrug natürlich ausgeschlossen):

- Ein Unternehmen machte im letzten Jahr Gewinne oder Verluste. Das ist Fakt!
- Ein Unternehmen machte im letzten Jahr viel Gewinn oder wenig Gewinn. Das ist Fakt!
- Ein Unternehmen hat viele Verbindlichkeiten, wenige oder keine. Das ist Fakt!
- Ein Unternehmen hat ständig hohe Lagerbestände, geringe oder überhaupt keine. Das ist Fakt!

Das richtige Unternehmen, sprich: die richtige Aktie nach objektiven Kriterien ausgewählt zu haben, bedeutet aber noch nicht, dass aktuell auch der günstigste Zeitpunkt ist, sich diese Aktie ins Depot zu legen.

Investieren ist wie Wellenreiten: Wenn es windstill ist, gibt es keine Wellen. Erst ab einer gewissen Windstärke entstehen Wellen, die sich zum Surfen eignen. Aber nur wenn Sie mit Ihrem Surfbrett dann auch die „richtige" Welle erwischen, nimmt Ihr Surfbrett richtig Fahrt auf. Und erst dann haben Sie den Spaß, der das Surfen zu einem unvergesslichen Erlebnis macht.

Um an der Börse die „richtige" Welle zu erwischen, sollten zwei Dinge zusammenpassen:

- Es muss der richtige Wind wehen – die allgemeine Marktrichtung sollte aufwärts gerichtet sein
- Es muss die richtige Welle kommen, um Ihr Surfboard auf Touren zu bringen – Ihre Aktie muss den günstigsten Zeitpunkt zum Einstieg signalisieren.

Was ist eigentlich Momentum?

Unter Momentum versteht man Tempo und Kraft einer Bewegung. Ein schönes Beispiel dafür ist ein Raumschiff, das mittels Raketen zu einer Reise ins All startet. Je größer die Schubkraft beim Start ist, desto größer ist die Reichweite des Raumschiffes.

Das Gaspedal Ihres Autos bestimmt das Momentum von Kraft und Geschwindigkeit Ihres Wagens: Wenn Sie bei Ihrem Auto das Gaspedal treten, setzen Sie es in Bewegung. Sobald Sie vom Gaspedal gehen, werden Sie – solange Sie nicht bremsen – vom Schwung, den das Auto durch das Gasgeben aufgenommen hat, noch eine Zeit lang weitergetragen. Geben Sie neuen Schub, indem Sie wieder auf das Gaspedal treten, erhöht sich auch wieder die Geschwindigkeit Ihres Wagens.

Diese Eigenschaft macht sich der Momentum Trader zunutze: Kurse, die einen Schub nach oben erhalten, steigen in aller Regel weiter an. Je öfter Aktien einen solchen Schub erhalten, desto weiter werden sie im Kurs nach oben getragen.

Nach mehreren hundert Analysen von Aktien mit großen Kursgewinnen habe ich ein Phänomen beobachtet: Nach einem 52-Wochen-Hoch ist in den darauf folgenden 8-12 Wochen ein weiterer Anstieg von 14-18% realistisch.

Aber es kommt noch besser: Aktien, die ein 52-Wochen-Hoch erreichten, entwickelten sich noch weitaus besser, wenn diesem Kursanstieg über viele Wochen die Ausbildung einer Basis vorausging. Viele der größten Kursgewinner starteten ihren Anstieg aus einer besonderen Form der Basis (Formation) heraus, die Sie auf einem Aktienchart sehr gut erkennen können. Betrachten Sie die Ausbildung einer solchen Basis als Phase, in der eine Aktie Kräfte für einen weiteren Kursanstieg sammelt und mobilisiert – wie eine Rakete vor dem Start.

Hier kommt die Technische Analyse ins Spiel.

2.5 Ausnutzung des Momentums durch ausgeklügeltes Timing-System

In der Technischen Analyse bezeichnet man diese Formation als „Tasse mit Henkel“. Sie erhielt ihren Namen deshalb, weil ihr Kursbild auf einem Chart an eine von der Seite aus betrachtete Tasse mit Henkel erinnert.

Das Bild oben auf der folgenden Seite zeigt ein Musterbeispiel.

Der Ausbruch (Punkt C) aus dem Henkel (Punkte A und B) – verbunden mit einem deutlichen Anstieg des Handelsvolumens (Punkt C im unteren Umsatzchart) – ist das von mir erwartete Kaufsignal.

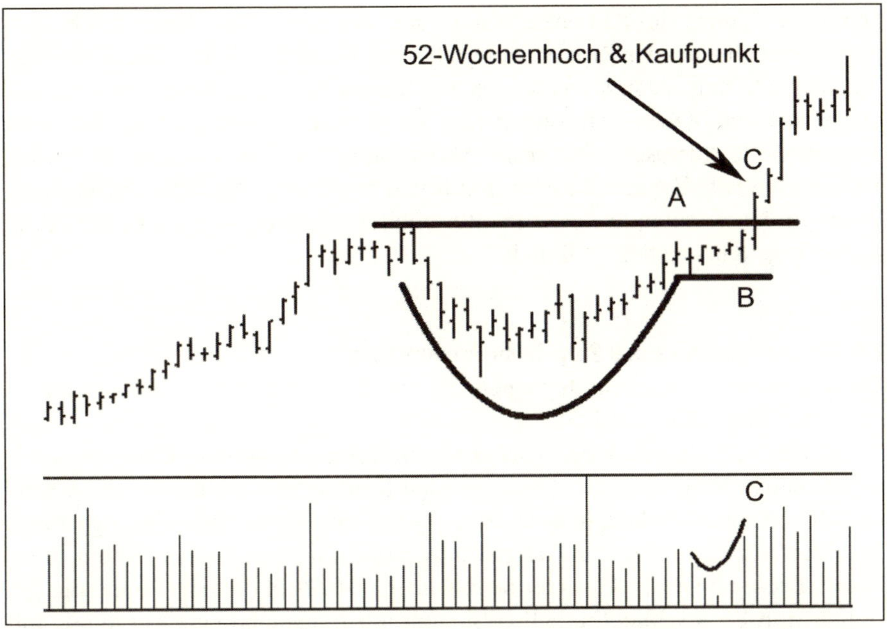

Die Bestimmung des optimalen Kaufzeitpunktes wird auch als „Timing“ bezeichnet.

Es gibt auch noch weitere Formationen, die Ähnlichkeiten mit der Formation „Tasse mit Henkel“ aufweisen und ähnlich gute Resultate hervorbringen. Die Funktionsweise dieser Formationen erläutere ich Ihnen ausführlich unter Punkt 9.2 „Welche Formationen eignen sich für die Momentum Trader-Strategie?“

2.6 Begrenztes Investitionsrisiko

Es sind vor allem zwei Dinge, die Ihr Investitionsrisiko bei der Nutzung der Momentum Trader-Strategie begrenzen:

1. die objektive, systematische Auswahl durch knallharte fundamentale Kriterien
2. das optimale Timing des Aktienkaufs

Die Momentum Trader-Strategie wählt nur sehr ertragsstarke Wachstumswerte mit äußerst soliden fundamentalen Kennziffern aus. Das bedeutet: Auch wenn der Kurs vorübergehend nachgeben sollte, werden sich diese Unternehmen sehr viel schneller wieder erholen als solche, die kein Geld verdienen oder gar Cash verbrennen.

Durch das Timing des Aktienkaufs am Punkt des geringsten Widerstandes verringert sich ohnehin das Risiko eines größeren Rückschlages. Ich akzeptiere Ausbruchsignale nur, wenn sie von einer markanten Steigerung des Umsatzes begleitet werden. Dieser Umsatzanstieg ist für mich das Zeichen, dass sich institutionelle Adressen, also große Aktienfonds, Versicherungsgesellschaften, Vermögensverwaltungen, Pensionsfonds und ähnliche in die Aktie „einkaufen". Ohne die Unterstützung dieser institutionellen Anleger sind bei keiner Aktie nachhaltige Kursanstiege möglich.

2.6.1 Kompromisslose Stop-Loss-Anwendung

Die Momentum Trader-Strategie geht aber noch einen Schritt weiter, um Ihr investiertes Kapital abzusichern:

Für den Fall, dass sich der Kurs einer empfohlenen Aktie trotz aller von mir angewandten Filterungen und untersuchten Kaufzeitpunkte nicht in der erwarteten Richtung entwickelt, habe ich eine zusätzliche Sicherungssäule eingezogen. Jede von mir empfohlene Aktie erhält von mir ein sogenanntes „Initial-Stop-Loss". Dieses liegt bei 8% unter dem Kaufkurs. Sobald die Aktie unter diesem Initial-Stop-Loss schließt, erhalten Sie von mir umgehend eine Mitteilung mit dem Hinweis, diese Aktie zu verkaufen.

Entwickelt sich die Kursbewegung in der von mir erwarteten Richtung, bleibt das Initial-Stop-Loss solange bestehen, bis es vom dynamischen Stop-Loss überschritten wird. Das dynamische Stop-Loss berechne ich immer dann, wenn der Schlusskurs der gekauften Aktie ab dem Kaufdatum ein neues Hoch erreicht. Das dynamische Stop-Loss liegt dann 15% unter diesem Schlusskurs.

Wofür brauchen Sie das dynamische Stop-Loss?

Wer schnell rennt, kommt irgendwann außer Atem und muss sich etwas ausruhen und Luft holen. Das ist bei aufwärts strebenden Wachstumswerten nicht anders – sie müssen von Zeit zu Zeit die erreichten Kursgewinne „verdauen". Ich habe jedoch bei meiner Analyse der großen Kursgewinner ein weiteres Phänomen festgestellt: Die wirklich guten Wachstumswerte korrigieren während der Aufwärtsbewegung selten stärker als 15% gemessen vom jeweils neuen Rekordhoch, auf dem die Aktie schließt.

Dieser Wechsel vom Initial-Stop-Loss zum dynamischen Stop-Loss dient dem Zweck, der Aktie Raum zu völlig normalen und gesunden Zwischenkorrekturen zu gewähren und damit Sie als Investor nicht bei jeder unbedeutenden Kurskorrektur ausgestoppt werden.

2.7 Begleitung von der Empfehlung bis zum Verkauf

Der Momentum Trader lässt Sie nach einer Kaufempfehlung nicht allein. Ich informiere Sie mit Updates über alle kursrelevanten Neuigkeiten, die sich im Verlauf der Haltephase dieses Titels ergeben. Solche Neuigkeiten sind in erster Linie natürlich neue Quartalsberichte. Es können aber auch wichtige Nachrichten über Veränderungen im Unternehmen (z.B. Wechsel im Vorstand, Einführung eines neuen Produktes, Übernahme eines Wettbewerbers) sein. Darüber hinaus überwache ich akribisch die weitere technische Entwicklung während der Haltedauer, unter anderem durch das Kurs-Umsatz-Verhalten oder den Indikator 50-Tage-Momentum.

Und selbstverständlich informiere ich Sie über Anpassungen der Stop-Loss-Limite oder wenn Sie die Aktie verkaufen sollen.

2.8 Sie werden umgehend und auf schnellstem Wege informiert

Kauf- und Verkaufsempfehlungen sowie Updates zu den empfohlenen Werten erhalten Sie auf den schnellsten Wegen, die zurzeit möglich sind:

- per E-Mail
- per Fax

Wenn Sie eine Benachrichtigung auf elektronischem Wege wünschen, erhalten Sie von mir eine E-Mail mit einer angehängten PDF-Datei.

Was ist PDF?
Adobe PDF (Portable Document Format) ist der bereits seit mehr als einem Jahrzehnt weltweit erfolgreich eingesetzte De-facto-Standard für den zuverlässigen und sicheren Austausch von elektronischen Dokumenten aller Art.

Adobe PDF ist ein universelles Dateiformat, das Schriftarten, Bilder, Grafiken und Layout jedes Ausgangsdokuments beibehält, unabhängig von der Anwendung und der Plattform, die zur Erstellung verwendet wurden. Adobe® PDF-Dateien sind kompakt und können weitergegeben, angezeigt und gedruckt werden. Alles, was dazu benötigt wird, ist der kostenlose Adobe Reader®.

Hinweis: Den kostenlosen Adobe Acrobat-Reader® können Sie auf der Internetseite der Firma Adobe herunterladen. Dies ist der Link zum Download: http://www.adobe.de/products/acrobat/readstep2.html

Warum E-Mails mit PDF?
Das PDF-Format wird von mir aus einem einfachen Grund eingesetzt: Ich möchte Sie nicht nur durch Text informieren, sondern auch durch Grafiken, in

erster Linie Charts. Nur das PDF-Format gewährleistet einen derartigen Transport zu Ihnen; ohne Verluste von Daten. Außerdem belegt es bei einem Umfang von 3 bis 5 Seiten nur Speicherplatz von 300 bis 500 kb. Einmal heruntergeladen, können Sie den Momentum Trader in PDF-Form bequem an Ihrem Monitor studieren.

Wenn Sie „Lesestoff“ lieber schwarz auf weiß (oder auch in Farbe) vor sich liegen haben, können Sie den Momentum Trader auch über einen angeschlossenen Drucker ausdrucken. Falls Sie es wünschen, informiere ich Sie gerne auch per SMS darüber, dass ich Ihnen den Momentum Trader als elektronische Mitteilung oder per Fax zugesandt habe. Diese Möglichkeit ist besonders praktisch, wenn Sie häufig unterwegs sind oder tagsüber häufiger in Sitzungen oder andere geschäftliche Termine eingebunden sind.

Schnell und dringend

Diese schnelle Information gibt Ihnen ausreichend Reaktionszeit, um die von mir empfohlenen Transaktionen über Ihre Bank oder Ihren Broker abzuwickeln oder die Orders direkt über Ihren Online-Broker aufzugeben.

Wann Sie handeln müssen

Um auf einen Blick abschätzen zu können, ob es sich um eine wichtige oder weniger wichtige Mitteilung handelt, versehe ich jede meiner Mitteilungen mit einer sich selbst erklärenden Dringlichkeitsstufe 1, 2 oder 3.

Dringlichkeitsstufe 1 = Jetzt müssen Sie handeln!
Dringlichkeitsstufe 2 = Heute kein dringender Handlungsbedarf!
Dringlichkeitsstufe 3 = Lesen und den Tag genießen!

Übrigens: Nutzen Sie meinen KOSTENLOSEN SMS-Service. Melden Sie sich beim Kundendienst der Verlages mit Ihre Handy-Nummer an und Sie erhalten ab sofort zu jeder Ausgabe eine zusätzliche SMS-Nachricht mit den für Sie wichtigsten Informationen. So können Sie auch unterwegs problemlos handeln!

Order-Information: Alles auf einen Blick

Um für die Abwicklung Ihrer Kauf- oder Verkaufsaufträge alle relevanten Daten, wie ISIN oder Börsenplatz, zur Verfügung zu haben, stelle ich Ihnen diese in einer kleinen Tabelle, einer Order-Informations-Box, auf der ersten Seite jeder Empfehlung zur Verfügung. Die Suche nach Wertpapierkennnummern, Handelsplätzen etc. erspare ich Ihnen auf diese Weise. So können Sie Ihren Auftrag schnell und unproblematisch „zwischendurch“ abwickeln.

3 Erfolg an der Börse

Erfolg wird denen zuteil, die es versuchen.
W. Clement Stone, Manager und Buchautor

Erfolg an der Börse zu haben bedeutet: Konsistent Gewinne zu machen und Verluste zu vermeiden!

Seit gut 3 Jahrzehnten beschäftige ich mich nun mit der Börse.

Als Auszubildender bei der Bank begann ich mich 1980 erstmals für Aktien zu interessieren und erlebte hautnah die lethargische Endphase der Börsenbaisse von 1976 bis 1982. In dieser Zeit machte ich meine ersten schüchternen Aktiengeschäfte: Ich kopierte mir jede Woche die Börsenbriefe und pickte mir die vielversprechendsten Empfehlungen heraus.

Zum 1. Oktober 1987 trat ich – wenige Tage vor dem Börsencrash – eine neue Position als Wertpapierberater an. In dieser Zeit habe ich zunächst zwei Dinge gelernt:

- es GIBT Möglichkeiten, Warnsignale der Aktienmärkte zu erkennen
- Verluste gering zu halten, ist an der Börse „überlebensnotwendig".

Ein Kollege aus einer benachbarten Filiale machte sich in dieser Zeit in der Bank einen großen Namen. Er hatte für seine Kunden rechtzeitig vor dem Crash verkauft und sie so vor großen Verlusten bewahrt. Sein Geheimnis: Er hatte sich mit Chartanalyse beschäftigt und dabei haufenweise Warnsignale erkannt, dass die Börsen vor einem Abwärtstrend standen. Natürlich hatte er nicht den Crash an sich vorausgesehen – wohl aber, dass die Märkte aus ihren Aufwärtsgleisen geraten waren. Der Crash beschleunigte nicht nur den Kursverfall der Aktien, sondern auch die wachsende Popularität des Kollegen.

3.1 Die wichtigsten Komponenten für erfolgreiches Investieren

In dieser Zeit begriff ich, wie wenig ich eigentlich wirklich über die Börse wusste. Fortan begann ich mich noch intensiver mit allen möglichen Themen rund um die Börse vertraut zu machen. Ich las haufenweise Bücher über Chartanalyse, fundamentale Aktienanalyse, Börsenpsychologie, Handelsstrategien, Crashtheorien und vieles mehr. Mein Ziel war zunächst, meine Kunden künftig besser beraten, ihnen fundierter Aktien empfehlen und sie vor Schaden bewahren zu können.

Heute weiß ich, dass es in erster Linie fünf Komponenten sind, die über Erfolg oder Misserfolg an der Börse entscheiden:

1. frühzeitige Verlustbegrenzung
2. die Fähigkeit, Gewinner von Verlierern unterscheiden zu können
3. ein Handlungsplan: Klare Regeln für den Kauf und den Verkauf von Aktien
4. emotionsloses und diszipliniertes Handeln
5. harte Arbeit.

Sie müssen im Markt nicht immer Recht behalten. Selbst wenn Sie nur in der Hälfte der Fälle richtig liegen, können Sie ein Vermögen verdienen, vorausgesetzt, Sie sind so vernünftig und dämmen Ihre Verluste konsequent ein.
Bernard Baruch

3.1.1 Frühzeitige Verlustbegrenzung

Diese Erfolgskomponente hat für mich mit weitem Abstand die höchste Priorität! Ich möchte bei Ihnen das Verständnis dafür wecken, dass frühzeitige Verlustbegrenzung auch bei Ihnen künftig an oberster Stelle steht. Und ich betone ausdrücklich: Dies gilt nicht nur für die Strategie des Momentum Traders. Daher widme ich mich diesem Thema besonders ausführlich.

Wie wichtig es ist, Verluste frühzeitig zu begrenzen, wurde mir erstmals nach dem Börsencrash 1987 klar. Plötzlich musste ich mich mit meinen Kunden auseinandersetzen, die allesamt auf Bergen von Verlusten saßen. Trotz intensiver Bemühungen war kaum ein Kunde von mir dazu zu bewegen, Verlustpositionen zu verkaufen und mit der gewonnenen Liquidität einen Neuanfang zu wagen. Immer wieder hörte ich den Satz: „Ich habe bereits zu viel verloren. Jetzt kann ich nicht mehr verkaufen!“ Die Kunden blockierten sich selbst. Dadurch, dass sie die immensen Verluste „aussitzen“ wollten, beraubten sie sich der Chance, aussichtsreichere Aktien zu kaufen und so ihre Verluste schneller wieder auszugleichen. Der psychische Druck war enorm. Wer jemals große Verluste mit Aktien gemacht hat, weiß wovon ich rede.

3.1.2 Was ist überhaupt ein Verlust?

Lassen Sie uns einmal hinterfragen, was denn ein Verlust überhaupt ist. Grundsätzlich können Sie verschiedene Arten von Verlusten unterscheiden: Sie können

Gegenstände verlieren, die Achtung oder die Wertschätzung von Menschen, die uns wichtig sind, weil wir sie enttäuscht haben. Sie können ihre Beherrschung verlieren oder einen lieben Menschen durch Tod. Und sicherlich haben Sie auch schon einmal eine Wette oder ein Spiel verloren. Besonders übel ist es, wenn wir unseren Arbeitsplatz verlieren. Und Geld können Sie nicht nur (aber auch) mit Aktien verlieren.

Alle diese Verlustarten können Sie grundsätzlich in zwei Kategorien einteilen: Innere, also subjektive Verluste und äußere, also objektive Verluste. Ist ein Verlust nur für mich persönlich oder wenige andere Menschen bedeutsam (beispielsweise wenn ich einen Elternteil verliere), so ist er subjektiv. Dagegen handelt es sich um einen objektiven Verlust, wenn dieser nicht personifiziert wird (zum Beispiel wenn mein Fußballverein verliert).

Wenn eine Aktie, die Sie gekauft haben, im Kurs nach und nach immer weiter absinkt und der Kursverlust entsprechend immer größer wird, dann ist der Grund für Ihre Betroffenheit einzig und allein darin zu suchen, dass Sie diese Verluste PERSÖNLICH nehmen. Sie glauben, dass Sie beim Kauf eine FALSCHE Entscheidung getroffen haben. Und damit hätte der Verlust auf Sie zugleich eine NEGATIVE Wirkung.

Sie müssten ja ZUGEBEN, einen FEHLER gemacht zu haben. Und da wir uns Fehler nun mal äußerst ungern eingestehen, löst dieser Gedankengang eine regelrechte Blockade aus. Wie eine „innere Handbremse“, die verhindert, dass Sie genau DAS tun, was eigentlich richtig wäre: RECHTZEITIG zu VERKAUFEN!

3.1.3 So lösen Sie die „innere Handbremse“

Die Lösung dieses Problems liegt in Ihrer Sichtweise.

Ich möchte Ihnen ein Beispiel geben: Stellen Sie sich bitte für einen Moment vor, Sie wären ein Schraubenfabrikant. Als Schraubenfabrikant wissen Sie aus Erfahrung, dass von 1.000 produzierten Schrauben zwischen 50 und 70 unbrauchbar sind: Einige platzen beim Einschleifen eines Gewindes, wieder andere besitzen ein defektes Gewinde usw. Sie WISSEN, dass ein gewisser Prozentsatz Ihrer Produktion Ausschuss ist. Das Material für den produzierten Ausschuss ist verloren, auch Arbeitszeit Ihrer Mitarbeiter und der Einsatz Ihrer Maschinen. Aber Sie wissen, dass Sie dennoch unter dem Strich mit dem Verkauf Ihrer Schrauben einen Gewinn erzielen, und Sie haben sich darauf eingestellt. Ein gewisser Prozentsatz an Ausschuss gehört ganz einfach zu Ihrem Geschäft. Sie WISSEN das und akzeptieren es daher als genau das, was es ist: eine UNABÄNDERLICHE TATSACHE.

Und damit sind wir beim Kern: Tatsachen sind objektiv. Es gibt sie einfach. Sie sind weder richtig noch sind sie falsch. Meinungen hingegen sind IMMER persönlicher Natur. Sie können daher sowohl richtig als auch falsch sein.

Damit halten Sie den Schlüssel zum Erfolg in der Hand: Vermeiden Sie es, Börseninvestments, die sich anders entwickeln als von Ihnen erwartet, als Verluste und damit als „persönliche" Niederlagen zu verinnerlichen. Betrachten Sie Verluste stattdessen einfach als das, was sie in Wirklichkeit sind: ANREIZE, ETWAS ZU TUN oder SIGNALE, UM EINE ENTSCHEIDUNG ZU TREFFEN.

Bei jedem Kauf einer Aktie entscheiden Sie sich – frei nach Shakespeare – nach sorgfältiger Analyse für eine von zwei Alternativen: KAUFEN oder NICHT KAUFEN. Wenn Sie kaufen, dann treffen Sie diese Entscheidung, OBWOHL Sie nicht wissen, was Ihnen die Zukunft bringt. Wie oft stehen wir alle im Leben vor Entscheidungen, bei denen wir nicht wissen, was die Zukunft daraus macht, beispielsweise wenn wir heiraten. So wie bei der Heirat stellt auch Ihre Entscheidung beim Aktienkauf nicht die Wahl zwischen RICHTIG und FALSCH dar: Die Entscheidung für ein Investment bringt Ihnen WAHRSCHEINLICH Gewinn – möglicherweise aber auch nicht.

Sehen Sie den Unterschied? Bisher haben Sie Verluste meist personifiziert, sie als persönliche Niederlage empfunden. Und das hat an Ihrem Ego „gekratzt", weil Sie glaubten, einen Fehler begangen zu haben.

Jetzt habe ich Ihnen einen Weg aufgezeigt, wie Sie genau das verhindern können: ***Ändern Sie einfach Ihre Einstellung!*** Akzeptieren Sie Investments als ein Geschäft! Ein Geschäft, bei dem Sie mal Gewinne machen, mal keine Gewinne machen. Akzeptieren Sie die Tatsache, dass ein Teil Ihrer Investments „Ausschuss" ist. Ausschuss, der zur Produktion von Gewinnen ganz einfach dazugehört. So wie bei Ihrem Schraubengeschäft.

Treffen Sie auch beim Verkauf eine Entscheidung:
Die Entscheidung, dass ein Investment, bei dem Sie augenscheinlich kein Geld verdienen können, KEIN Geschäft ist!

3.1.4 Das kann Ihnen „blühen", wenn Sie Verluste nicht begrenzen

Wenn Sie Verluste nicht frühzeitig gering halten, müssen Sie weitaus größere Anstrengungen unternehmen, um die Verluste wieder auszugleichen. Ich verrate Ihnen sicherlich kein Geheimnis, wenn ich Ihnen sage, dass Ihre Aktie, die ein Drittel ihres Wertes verloren hat, 50% im Kurs zulegen muss, nur um den entstandenen Verlust wieder auszugleichen. Eine Aktie, die 50% verliert, muss sich anschließend glatt verdoppeln, um ihren alten Wert wiederzuerlangen. Wenn Sie es zulassen, dass Ihre Aktie zwei Drittel ihres Wertes verliert, dann muss Ihre Aktie 200% zulegen, um Ihren Einkaufspreis zu erreichen. Einen Gewinn haben Sie dann aber eben immer noch nicht gemacht.

Und meine Börsenerfahrung lehrt mich, dass es oftmals viele Jahre dauert, bis solche Aktien ihren alten Wert wieder erreichen. Denn: Aktien, die im Kurs stark sinken, neigen dazu, noch weitaus mehr an Wert zu verlieren. Viele dieser „Looser"-Aktien sehen ihre alten Hochkurse niemals wieder! Ich möchte Ihnen als Beispiel die Story einer solchen Looser-Aktie erzählen, die sich 1999 hier in Deutschland zugetragen hat.

Erinnern Sie sich noch an den Fall des Baukonzerns Philipp Holzmann AG im November 1999? Diese „Schieflage" des Konzerns war für mich als Börsenredakteur ein fürchterlicher „Aufreger", weil von ihr vom Vorstand bis zum Aufsichtsrat des Unternehmens alle betroffen waren.

Am 15. November 1999 berichtete der Vorstand völlig überraschend von einer Schieflage, die nur mit dem Zufluss von frischen Mitteln in Milliarden-Höhe durchzustehen sei. Anschließende Gesprächsrunden mit den Gläubigerbanken, unter der Führung der Deutschen Bank, und mit Kreditversicherern scheiterten. Daraufhin musste der Vorstand am 23. November 1999 einen Antrag auf Eröffnung eines Insolvenzverfahrens stellen.

Es folgte der große Auftritt von Bundeskanzler Gerhard Schröder. Aufgrund seiner Intervention kamen die Beteiligten am 24. November 1999 noch einmal zusammen und fanden schlussendlich doch noch eine Rettungschance: Ein Darlehen der KfW, eine Ausfallbürgschaft sowie ein Konsortialkredit von 1 Milliarde DM beseitigten die Überschuldung des Baukonzerns.

Die „Schieflage" hatte offiziell niemand vorausgesehen: Nur zwei Wochen vor Bekanntwerden der Insolvenz hatte das Unternehmen noch sein 150-jähriges Bestehen gefeiert. Da war von finanziellen Schwierigkeiten keine Rede. Umso mehr traf die Nachricht Mitarbeiter und Aktionäre am 15. November 1999 wie aus heiterem Himmel. Die Aktie wurde damals beim Stande von 125 € auf zunächst unbegrenzte Zeit vom Handel ausgesetzt. Mit dieser Maßnahme wollte die Börsenaufsicht die Aktionäre vor Schaden durch „Panikverkäufe" bewahren.

Anfang August 1990 hatte die Philipp Holzmann-Aktie noch einen Rekordwert von (umgerechnet) 790 € gehabt. Von da an ging es stetig bergab: Ein Jahr später, im August 1991, notierte sie bereits bei 550 € oder 30% tiefer. Fünf Jahre später, also 1995, war die Aktie nur noch 335 € wert: gegenüber dem Höchststand ein Verlust von 57%! Anfang August 1999, 3½ Monate vor der Pleite, wurde für die Aktie gerade noch 179 € bezahlt.

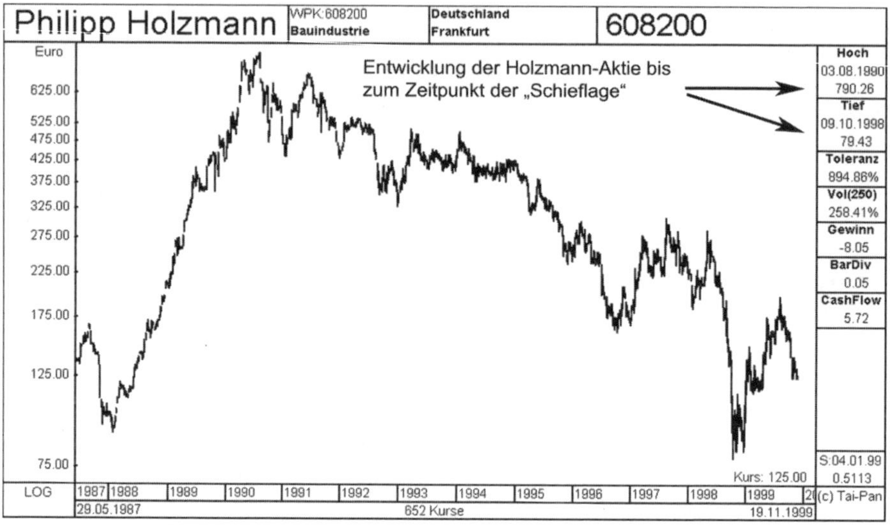

Übrigens: Die Aktie wäre für den Momentum Trader in dieser Zeit überhaupt kein Thema gewesen: Das Unternehmen machte mindestens seit 1995 (weiter reichen meine Aufzeichnungen nicht zurück) nur noch Verluste.

Fassen wir zusammen: Seit 1990 ging es mit Holzmann nur noch bergab. Gemessen am Rekordhoch von 1990 notierte die Aktie Anfang August 1999 bereits 77% tiefer! Mindestens seit 1995 schrieb der Baukonzern nur rote Zahlen. Sie sehen: Es gab in all den Jahren vor 1999 eigentlich überhaupt keinen Grund, diese Aktie im Depot zu haben!

Aber sehr viele Anleger glauben noch immer, dass „gefallene“ Unternehmen irgendwann wieder auferstehen und dann mit diesen Titeln viel Geld zu verdienen sei. Ich habe in den vielen Jahren, in denen ich mich mit der Börse auseinander setze, so viele Anleger kennengelernt, die der Meinung waren und sind, dass eine Aktie, die so stark im Kurs verfallen ist, doch nur noch nach oben gehen kann. Und dann derartige Aktien kaufen. Sie lagen fast immer völlig daneben und mussten oft teuer für ihre Meinung bezahlen.

Glauben Sie mir: Diese Art zu investieren ist definitiv der falsche Weg. Ich werde Ihnen später noch zeigen, warum Sie grundsätzlich nur noch auf Aktien setzen sollten, die auch bewiesen haben, dass sie Geld verdienen können. Der Fall Holzmann zeigt, dass es geradezu finanzieller Selbstmord ist, auf solche „Turn-Arounds“ zu setzen. Selbst wenn Sie drei Monate vor der Insolvenz die

Aktie gekauft hätten, hätten Sie am 12. November 1999 erneut 30% Verlust hinnehmen müssen.

In der Momentum Trader-Strategie wird Ihnen dies NIEMALS passieren. Ich begrenze in der Momentum Trader-Strategie Verluste in jeder Aktie auf 8% gemessen vom Kaufpreis. Sie werden mir sicher zugeben, dass es leichter ist, 8% Verlust in einer Aktie zu realisieren als 50%.

Lassen Sie mich Ihnen noch kurz das Ende der Holzmann-Story erzählen: Als der Handel mit der Philipp Holzmann-Aktie sieben Börsentage später wieder aufgenommen wurde, wussten am Morgen alle, dass es ein „Kurs-Massaker" geben würde: Der Handel eröffnete bei 11,50 € und schloss am Abend bei 23,50 €. An den nächsten beiden Handelstagen konnten Sie mit viel Glück noch für 75 € verkaufen – aber immer noch 50 € oder 40% unter dem Kurs vor Bekanntgabe der Schieflage. Diese Kurse hat die Aktie danach nie wieder gesehen. Heute ist die Holzmann-Aktie ein Penny-Stock und notiert deutlich unter 1 €.

Egal, ob Sie die Holzmann-Aktie 1990 oder 1999 oder 2002 gekauft hätten: Sie hätten IMMER einen Totalverlust erlitten!

Der Verfall der Holzmann-Aktie zog sich über mehr als ein Jahrzehnt hin. Der Neue Markt hat uns zu Beginn des neuen Jahrhunderts bewiesen, dass es auch weitaus schneller geht …

3.1.5 Vertrauen in die eigene Strategie und Fähigkeiten

Gleichgültig was Sie arbeiten oder tun: Wenn Sie einen Job erfolgreich tun wollen, dann müssen Sie verstehen, was Sie tun, und Sie müssen Vertrauen darin haben. Das ist beim Investieren in Aktien nicht anders.

Wenn Sie Ihrer Strategie und Ihren Fähigkeiten voll vertrauen, werden Sie wenig Zweifel haben, wenn Sie in eine Aktie investieren. Und Sie werden wissen, wann es klug und an der Zeit ist, Gewinne mitzunehmen.

Umgekehrt: Wenn Sie kein Vertrauen in Ihre Strategie und Fähigkeiten haben, dann fühlen Sie sich bei jeder zu treffenden Entscheidung unsicher – Sie zögern beim Kauf und beim Verkauf. Statt sich darauf zu konzentrieren, neue Investmentchancen ausfindig zu machen, trauern Sie der verpassten Gelegenheit nach, die Aktie rechtzeitig abzustoßen. Und Sie hoffen, dass die Aktie Ihnen eine solche Möglichkeit noch einmal anbietet, damit Sie wenigstens mit kleinerem Schaden aus diesem Investment herauskommen.

Aber wie gelangen Sie zu mehr Selbstvertrauen? Indem Sie es unter keinen Umständen zulassen, dass etwas Ihr Selbstvertrauen „anknabbert". Lassen Sie es niemals mehr zu, dass mit den Kursverlusten auch die Angst vor der Realisierung dieser Verluste wächst. Halten Sie sich immer wieder vor Augen, dass Sie nicht bei jedem Investment richtig liegen können. Selbst die so erfolgreiche Investoren wie Warren Buffett oder Peter Lynch liegen hin und wieder falsch.

Begrenzen Sie Ihre Verluste frühzeitig und lassen Sie die Gewinner in Ihrem Depot laufen. Nur dann werden Sie an der Börse dauerhaft Erfolg haben!

Nun werden Sie sicher verstanden haben, warum die Verlustbegrenzung ein so immens wichtiger Baustein der Momentum Trader-Strategie ist.

Ein Mensch, der zu alt ist zum Lernen, war wahrscheinlich sein Leben lang zu alt zum Lernen.

Henry Hasskins, Wirtschaftswissenschaftler

3.2 Die Fähigkeit, Gewinner von Verlierern unterscheiden zu können

Es gibt mehrere Methoden, um mit Aktien Geld zu verdienen:

1. Sie können Aktien kaufen und verkaufen
2. Sie können Derivate auf Aktien oder Indizes (Optionen, Optionsscheine, Zertifikate etc.) kaufen und verkaufen

3. Sie können Fonds kaufen, die in Aktien investieren
4. Sie können Short Selling machen, also Aktien erst verkaufen und dann zurückkaufen (in Deutschland nicht möglich!)
5. Sie können Optionen auf Aktien verkaufen und kaufen.

Bei Methode 1 bis 3 verdienen Sie nur Geld, wenn Sie teurer verkaufen, als Sie gekauft haben. Sie kaufen Aktien, Derivate oder Fonds in der Erwartung, dass der Kurs steigt. Bei Methode 4 und 5 ist es genau umgekehrt: Sie verkaufen teuer, um preiswerter zurückzukaufen. Sie verkaufen also in der Erwartung, dass der Kurs der Aktie fällt.

Der Momentum Trader konzentriert sich ausschließlich auf die ersten beiden Methoden: Zum weit überwiegenden Teil werden Aktien ge- und verkauft. Um mit dieser Methode Geld verdienen zu können, muss folglich der Kurs der Aktie steigen, in die Sie investieren.

In ausgewählten Marktsituationen, beispielsweise in Korrekturphasen, bietet Ihnen der Momentum Trader zusätzlich die Möglichkeit, durch Optionsscheine auf Indizes, beispielsweise den DAX, von rückläufigen Notierungen zu profitieren.

Wenn Sie am Aktienmarkt Geld verlieren möchten, dann brauchen Sie im Prinzip nur Aktien zu kaufen, die im Kurs fallen. Eine Aktie, die im Kurs sinkt, zieht Anleger immer wieder an, weil sie den Eindruck haben, eine „Schnäppchenaktie" entdeckt zu haben. Denn schließlich ist sie ja viel billiger als noch vor wenigen Wochen oder Monaten.

Kaum jemand denkt darüber nach, dass es vielleicht seine Gründe haben könnte, warum eine Aktie im Kurs sinkt oder so auffallend preiswert ist. Denken Sie an das Beispiel mit der Aktie des Baukonzerns Philipp Holzmann: An der Börse erfahren Sie fast immer erst im Nachhinein die Gründe für einen Kursrückgang – aber dann ist es meistens zu spät!

Wenn Sie am Aktienmarkt Geld verdienen möchten, dann sollten Sie sich an Aktien orientieren, die im Kurs steigen. So wie es seine Gründe hat, warum eine Aktie im Kurs sinkt, so gibt es auch immer gute Gründe dafür, warum eine Aktie im Kurs steigt – auch wenn sie nicht immer sofort offensichtlich sind.

Der Grund dafür liegt an der Funktionsweise der Börse: Die Börse ist nichts anderes als eine kontinuierliche Versteigerung von Aktien. Aktien werden angeboten und an den Meistbietenden verkauft. Werden mehr Aktien angeboten, als Nachfrage herrscht, so müssen die Anbieter im Preis heruntergehen, um ihre „Ware" loszuwerden. Werden weniger Aktien angeboten, als Nachfrage herrscht, so müssen die Nachfragenden mehr bieten, um an die „Ware" zu kommen.

Anders herum gesagt: Aktien steigen im Kurs, weil die Nachfrage nach ihnen steigt. Und dies vollkommen unabhängig davon, welche Gründe diese Nachfrage forcieren. Daher ist es wesentlich lukrativer, auf Aktien zu setzen, die im Kurs steigen.

Wenn Sie mit dem Kauf und Verkauf von Aktien Ihr Vermögen mehren möchten, müssen Sie in der Lage sein, Gewinner von Verlierern unterscheiden zu können. Dies muss nicht heißen, dass kein Verlierer unter den von Ihnen ausgewählten Aktien sein darf. Erinnern Sie sich an unser Beispiel mit dem Schraubenfabrikanten? Diese Verlierer dürfen in Ihrem „Aktiengeschäft" nur „Ausschuss" sein.

Um unter dem Strich mit Aktien Gewinne einzufahren, muss die überwiegende Zahl der von Ihnen ausgewählten Aktien Gewinner sein. Oder: Die Performance der Gewinner muss deutlich höher liegen als die der Verlierer. Und dies wiederum erreichen Sie nur durch eine konsequente Verlustbegrenzung.

Goldene Regeln und Prinzipien sind für die Profitabilität eines Unternehmens ebenso wichtig wie LKWs, Schreibmaschinen oder Bindfäden.

James Cash Penney, Gründer von J.C. Penney

3.3. Ein Handlungsplan: Klare Regeln für den Kauf und den Verkauf von Aktien

Ich habe in meiner Zeit als Wertpapierberater viele Menschen kennengelernt, die ohne jedes System in Aktien investieren. Sie kaufen, weil es ihnen jemand gesagt hat, weil ein Börsenexperte im Fernsehen eine entsprechende Bemerkung gemacht hat oder weil sie irgendwo eine Empfehlung gelesen haben. Oder sie kaufen, weil sie mit einer Aktie schon einmal viel Geld verdient haben. (Dann muss es ja auch immer und immer wieder klappen.) Oder sie kaufen, weil sie mit einer Aktie schon einmal viel Geld verloren haben. (Dann muss es ja diesmal klappen, wo die Aktie noch billiger ist.)

Auch beim Verkaufen haben nur wenige Anleger ein System. Sie verkaufen, weil diese Aktie die einzige im Depot ist, die einen Gewinn aufweist. (Genau umgekehrt würden sie richtig handeln!) Sie verkaufen, weil irgendeine negative oder positive Nachricht über das Unternehmen veröffentlicht wurde. Sie verkaufen, weil ihnen jemand gesagt hat, dass sie besser verkaufen sollten. Sie verkaufen ihre Depotleichen, die sie seit fünf Jahren in der trügerischen Hoffnung auf eine Kurserholung gehalten haben, im Zuge einer generellen Depotsäuberung.

Es gibt sicherlich noch weitaus mehr Gründe. Aber all dies ist kein System, sondern ein wahlloses Handeln. Aber selbst wenn sie ein System verfolgt oder Regeln für sich aufgestellt hatten, fanden sie meist schnell für sich eine Begründung, warum genau diese Aktie eine Ausnahme vom eigenen Regelwerk darstellte. Glauben Sie mir, ich weiß wovon ich rede: Auch ich habe solche Fehler gemacht.

Viele Anleger haben auf Dauer keinen Erfolg, weil sie keine guten Auswahlkriterien haben. Sie wissen nicht wirklich, wonach sie eigentlich suchen sollen, um eine Gewinner-Aktie zu finden.

Um auf Dauer an der Börse Erfolg zu haben, reicht es nicht allein aus, die „richtigen" Aktien zu identifizieren. Es ist unerlässlich, solide Gewohnheiten zu entwickeln, Regeln für sein Handeln am Aktienmarkt aufzustellen und sich vor allem an diese zu halten. Häufig ist genau dies – wie im „richtigen Leben" – der schwierigste Teil des Handelsplans: Die eigenen schlechten Angewohnheiten abzulegen! Es erfordert Anstrengung und Disziplin.

Wenn Sie sich das Rauchen abgewöhnen wollen, stellen Sie für sich auch Regeln auf: Sie kaufen keine Zigaretten mehr, Sie vermeiden persönlichen Kontakt mit Rauchern, Sie beschließen, stattdessen Sport zu treiben und so weiter. Aber die Regeln allein nützen Ihnen überhaupt nichts, wenn Sie sich nicht an sie halten. Das ist an der Börse nicht anders.

Wenn Sie bisher auf diese Weise in Aktien investiert haben, dann fehlt Ihnen ein System, ein Handelsplan. Es reicht nicht, zu wissen, welche Aktien vielversprechend sind – Sie müssen auch wissen, wann Sie verkaufen sollen, um Gewinne mitzunehmen oder Verluste zu minimieren.

Das Konzept des Momentum Traders bietet Ihnen beides: Ein System der Aktienauswahl und des richtigen Timings beim Kauf und Verkauf. Ich habe für den Momentum Trader knallharte Regeln aufgestellt, nach denen ich

- Aktien für Sie auswähle
- Ihnen diese Aktien zum Kauf empfehle
- Ihnen rate, diese Aktien wieder zu verkaufen

Diese Regeln werde ich Ihnen noch im Detail erläutern. Auf eines können Sie sich verlassen: Anhand dieses Handlungsplans wird der Momentum Trader Sie jedes Mal rechtzeitig informieren, wann Sie kaufen und wann Sie verkaufen sollen.

Was ich Ihnen allerdings nicht abnehmen kann, ist, die Regeln auch in Ihrem Depot umzusetzen. Ich habe diese Kauf- und Verkaufsregeln aufgrund meiner vieljährigen Börsenerfahrung und im Zusammenhang mit der Entwicklung der Momentum Trader-Strategie aufgestellt, um die besten Chancen zu finden und zu nutzen und dabei Ihr Risiko so gering als nur möglich zu halten. **Aber SIE müssen diese Regeln akzeptieren, Ihnen vertrauen und sie in ihrem eigenen Depot umsetzen.**

Investieren ist kein Spiel, bei dem der mit dem Intelligenzquotienten von 160 den mit dem Intelligenzquotienten von 130 schlägt.
Warren Buffett

3.4 Emotionsloses und diszipliniertes Handeln

Jesse Livermore war schon zu seinen Lebzeiten eine Börsenlegende: Er wurde als der „König der Spekulanten" bezeichnet. Er gewann und verlor durch Spekulationen Anfang des letzten Jahrhunderts mehrfach ganze Vermögen.

Eines seiner vielen Zitate lautet: „Es herrschen nur zwei Gefühle an der Börse: Hoffen und Bangen. Das Problem ist nur, dass wir hoffen, wo wir bangen sollten, und dass wir bangen, wo wir hoffen sollten."

Livermore wollte uns damit sagen, dass Hoffnung und Angst leider viel zu häufig unser Handeln an der Börse bestimmen:

Sie haben eine Aktie ausfindig gemacht und gekauft …

- Nach kurzer Zeit rutscht der Kurs unter Ihren Einstiegspreis – Sie verlieren also Geld. Aber nun HOFFEN Sie, dass sich der Kurs recht zügig wieder erholt. Doch eigentlich sollten Sie genau umgekehrt reagieren: Sie sollten ANGST haben, dass die Aktie weiter fällt und Sie noch mehr Geld verlieren.
- Nach kurzer Zeit steigt der Aktienkurs – Sie verdienen Geld. Aber nun haben Sie ANGST, dass Sie Ihren schönen Gewinn wieder verlieren könnten und – verkaufen zu früh, um anschließend zuzuschauen, wie der Kurs der Aktie weiter steigt. Hier sollten Sie stattdessen HOFFEN, dass Ihre Aktie weiter steigt, denn der Anstieg des Aktienkurses ist ein deutliches Zeichen für Stärke. Der Kursanstieg signalisiert Ihnen zudem, dass sich Ihre Kaufentscheidung als richtig erwiesen hat.

Ich höre förmlich, wie Sie mir die Frage stellen, wie Sie Ihre Emotionen an der Börse ausschalten sollen – schließlich steht ja Ihr eigenes Geld auf dem Spiel!

Das ist zweifellos richtig. Aber betrachten Sie es auch einmal von einer anderen Warte: Der Aktienmarkt kennt Sie nicht persönlich. Und ihn interessiert es herzlich wenig, was Sie sich erhoffen, wovor Sie Angst haben oder ob Sie Gewinne oder Verluste machen.

Ein typisches Beispiel ist, wenn Sie glauben zu wissen, in welche Richtung sich der Aktienmarkt entwickeln wird, und dabei übersehen, was der Markt tatsächlich tut. Mir selbst ist dies im Jahre 1995 so ergangen:

Ich hatte 1992 ein Buch über die Elliott-Wellen-Theorie („Gezeitenwechsel" von Robert A. Prechter und Alfred J. Frost, 1990) gelesen. Diese von Ralph Nelson Elliott aufgestellte Theorie geht davon aus, dass sich soziale und massenpsychologische Trends und Trendumkehrungen in erkennbaren Mustern entwickeln. Elliott identifizierte 13 Muster oder Wellen, die in den Märkten wiederholt auftreten.

Prechter und Frost setzten die Arbeit Elliotts fort. Sie verfassten 1978 den Wall-Street-Bestseller „Das Elliott-Wellen-Prinzip". In diesem Buch prognostizierten sie drei große Entwicklungen:

- eine gewaltige Aktienhausse in den 80er Jahren
- einen Börsenkrach im Stil des Jahres 1929, nachdem der Aktienmarkt seine Spitze erreicht habe
- eine danach einsetzende lange Periode der wirtschaftlichen und finanziellen Schrumpfung.

Mit ihrer ersten Prognose hatten Prechter und Frost einen absoluten Volltreffer gelandet und wurden fortan als Gurus angesehen. Sie sahen zunächst den Börsencrash 1987 als den „Börsenkrach im Stil des Jahres 1929" an. Als dieser Börsenkrach nicht eintrat und sich stattdessen die Kurse 1988 und 1989 weiter nach oben entwickelten, sahen sie zunächst für Anfang der 90er einen derartigen Börsenkrach voraus (der aber nicht eintrat).

Das Buch „Gezeitenwechsel" hatte eine derart faszinierende Wirkung auf mich, dass ich 1994 kurzerhand den vom Autor Prechter herausgegebenen Newsletter „The Elliott Wave Theorist" abonnierte. Prechter prognostizierte in seinem Newsletter zu dieser Zeit, dass ein Ende des Börsenbooms unmittelbar bevorstünde, und bereitete seine Leser auf das Eintreten dieses „Ernstfalles" vor. Ich „hing" förmlich an Prechter's Ideen und deckte mich vorsorglich mit Puts auf den Standard & Poors 500 Index ein, um aus dem bevorstehenden großen Zusammenbruch der Börse den größtmöglichen Nutzen zu ziehen.

Es kam anders als ich (und Prechter) glaubte: Der Standard & Poors 500 Index, der 1994 noch dreimal an der Marke von 480 Punkten gescheitert war, überwand diese Marke Anfang Februar 1995. Anschließend stürmte er, in einer unglaublichen Rallye, innerhalb von nur sieben Monaten um 105 Punkte oder knapp 22% in die Höhe, bevor er eine erste ernsthafte Pause einlegte. Das Fatale war, dass ich so an den Niedergang des Aktienmarktes „glaubte", dass ich sämtliche Warnsignale des Marktes übersah. Selbst als er immer weiter nach oben kletterte, hatte ich nicht nur die Hoffnung, dass das Ende nahe sei, sondern dass der Absturz umso größer würde.

Und da ich diesen festen Glauben hatte, machte ich gleich die größte Dummheit hinterher, die ein Anleger tun kann. Ich verbilligte meine Position mehrfach.

Nun, ich brauche Ihnen wohl nicht zu sagen, dass mich mein emotionales und undiszipliniertes Handeln ein kleines Vermögen gekostet hat.

Dieses Erlebnis hat mir die größte Lektion meines Börsenlebens erteilt, aus der ich für mein künftiges Handeln am Aktienmarkt drei entscheidende Konsequenzen gezogen habe:

1. Folge dem, was der Markt Dir zeigt, und nicht dem, was Du glaubst, dass der Markt machen wird
2. Begrenze Deine Verluste frühzeitig
3. Senke niemals Deine Durchschnittskosten einer Position durch Zukauf zu niedrigerem Kurs.

Ich kann Ihnen nur wärmstens empfehlen, sich diese Regeln ebenfalls zu Herzen zu nehmen: Lassen Sie es niemals zu, dass Emotionen Ihr Handeln an der Börse bestimmen. Wenn Sie bei Ihren Investments mit Erfolg eine Strategie anwenden, dann folgen Sie diszipliniert Ihrer Methode oder System und lassen Sie sich nicht durch andere in Versuchung führen, davon abzuweichen.

Ich glaube sehr an das Glück und ich habe herausgefunden, dass, je härter ich arbeite, ich umso mehr Glück habe.
Thomas Jefferson, 3. US-Präsident

3.5 Harte Arbeit

Investieren in Aktien ist harte Arbeit.

Über weite Teile der 90er-Jahre, vor allem jedoch in der zweiten Hälfte, war es einfach, Geld zu verdienen! Es war in manchen Börsenphasen egal, welche Aktien man kaufte: Ob High-Tech-Werte, SmallCaps, MidCaps oder Blue Chips

– alles stieg mehr oder weniger rapide. Viele Aktien verzehnfachten sich im Kurs, manche verhundertfachten sich gar.

Mit Aktien Geld zu verdienen, erschien in diesen „Goldgräbertagen“ vielen wie ein Kinderspiel. Nun, die ersten drei Jahre dieses Jahrzehnts haben manch' einen von diesem Irrglauben bekehrt.

Ich bin ein Bewunderer der Investmentstrategen Warren Buffett, dem wohl erfolgreichsten Anleger aller Zeiten, und Peter Lynch. Es gibt nur eines, vor dem ich warne: Mit ihren unzweifelhaften Erfolgen erwecken sie den Anschein, als wenn Investieren in Aktien kinderleicht wäre.

Tatsache ist: Aktien, die sich im Kurs vervielfachen, sind so selten wie der Tor-Hattrick eines Fußball-Bundesligaspielers. Sie kommen vor, aber sie sind nicht die Regel!

Seien wir doch einmal ehrlich: Wer würde von sich ernsthaft behaupten wollen, er könne so gut Fußball spielen wie Franz Beckenbauer oder Zinedine Zidane (um im Genre zu bleiben)? Oder so gut Rennwagen fahren wie Michael Schuhmacher? Wer würde von sich ernsthaft behaupten, er könne so hervorragend Tennis spielen wie Boris Becker, Steffi Graf oder Martina Navratilova?

Wenn es aber um das Investieren in Aktien geht, glauben die meisten Anleger merkwürdigerweise, sie wären Profis wie Warren Buffett oder Peter Lynch, wenn Sie einfach deren Methoden kopieren.

Die Wahrheit ist: INVESTIEREN IN AKTIEN IST HARTE ARBEIT!

Alle Menschen, die in ihrem Leben derart hervorragende Leistungen erbracht haben, mussten sich diese Erfolge hart erarbeiten. Sie haben viele Jahre lang dafür gelernt, geforscht oder trainiert. Tag für Tag. Leistungssportler verzichten zu Gunsten ihrer sportlichen Erfolge auf jegliche Nahrung und Genussmittel, die ihrem Sport entgegenwirken. Sie üben sich tagtäglich in Disziplin.

Wer an der Börse Geld verdienen will, muss Hirnschmalz investieren, harte Analysearbeit verrichten und vor allem ständig am Ball bleiben!

Der Momentum Trader nimmt Ihnen diese Arbeit ab. Der Momentum Trader analysiert für Sie den Markt, spürt attraktive Aktien für Sie auf und präsentiert Ihnen anschließend die besten Investmentchancen. Spätestens hier enden die meisten Börsendienste. Der Momentum Trader bietet noch mehr: Er begleitet Sie auch nach einer Empfehlung mit konkreten Handlungsanweisungen, stetigen Nachjustierungen von Stop-Loss-Marken, Zusatzinfos zu den empfohlenen Aktien und natürlich der Verkaufsempfehlung.

Sie sparen Zeit und profitieren von einem überzeugenden Konzept, einer hohen Analysequalität und natürlich mit Ihrem Depot. Damit Sie sich auf die Ihnen wichtigen Dinge des Lebens konzentrieren können.

4 Warum es besser ist, teuer zu kaufen und noch teurer zu verkaufen

Begib Dich nicht in einen Wettbewerb,
sondern schaffe etwas Neues. Finde heraus, was
alle anderen tun, und tue das Gegenteil.
Joel Weldon

Mit der Einführung des Euro ist vieles teurer geworden. Vielen klingt noch der Werbeslogan „Geiz ist geil!“ in den Ohren. Ob im Supermarkt, im Elektronikmarkt, im Möbelhaus oder beim Autokauf: Wir alle sind nahezu ständig auf der Jagd, um beim Einkauf den einen oder anderen Euro zu sparen. Menschen lieben es, „Schnäppchen“ zu kaufen.

Apropos Einkauf: Werfen Sie doch einmal einen Blick auf den Chart des weltgrößten Discounters, Wal-Mart:

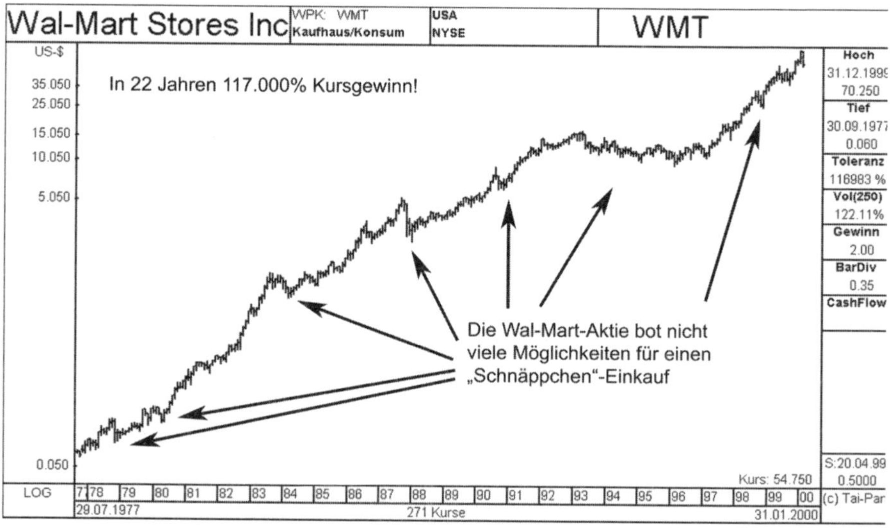

Mit dieser Aktie war zwischen 1977 und 2000 viel Geld, sehr viel Geld zu verdienen. Aber in den gut zwei Jahrzehnten boten sich Ihnen nicht viele Möglichkeiten, die Aktie als „Schnäppchen“ zu kaufen: Vielleicht 1978, 1980, 1984, 1987 und zwischen 1993 und 1997. Ab 1993 hätten Sie allerdings vier Jahre warten müssen, bis Wal-Mart sich erneut in die Lüfte erhob.

Haben Sie sich schon einmal darüber Gedanken gemacht, warum die Mehrzahl der Marktteilnehmer an der Börse immer falsch liegt?

Sie investieren viel zu oft in Aktien, die im Kurs sinken oder gesunken sind! Oder noch schlimmer: in sogenannte Penny-Stocks. Als Penny-Stocks bezeichne ich Aktien, die zwischen 0 und 5 Euro bzw. $ notieren!

Warum soll das falsch sein?

Es ist deshalb falsch, weil Sie an der Börse nicht so handeln dürfen wie beim Einkaufen.

Derjenige, der danach strebt, innerhalb eines Tages reich zu werden, wird in einem Jahr gehängt.
Leonardo da Vinci

4.1 An der Börse zählt nur Qualität

Viele Anleger freuen sich, wenn sie eine Aktie kaufen können, die deutlich unter ihrem Höchststand gehandelt wird. Sie freuen sich, weil sie der Ansicht sind, dass eine Aktie dann besonders kaufenswert ist, wenn sie „billig" ist. Und weil sie dann wie ein „Schnäppchen" aussieht. Und weil sie annehmen, das Risiko sei wesentlich geringer, wenn sie preiswerter kaufen.

Schauen Sie sich einmal den Chart von Commerce One an. Dieses Unternehmen war einer der größten High-Flyer in der Endphase des Internet-Booms, zwischen 1999 und 2000.

Commerce One explodierte in nur vier Monaten von 44 auf 1.655 $ oder um 3.647%. Als die Aktie Mitte April auf 352 $ gefallen war, konnte man sie getrost als „Schnäppchen" bezeichnen.

Sie hatten genau sieben Monate Zeit, um mit Commerce One danach noch Gewinne zu machen. Aber glauben Sie mir: Ihnen wäre bei dieser Achterbahnfahrt schwindlig geworden. Die Aktie kletterte in dieser Zeit viermal auf Kursniveaus von 690 bis 840 $ und fiel ebenso oft auf 350 bis 400 $ zurück! Heute gibt es Commerce One nicht mehr!

Um die Relationen einmal deutlicher zu machen: Beim Allzeithoch am 28.12.1999 wurde Commerce One an der Börse mit 52,73 Mrd. $ bewertet. Im September 2004 gab das Unternehmen bekannt, dass es nur noch über Barmittel von 700.000 $ und einen signifikant negativen Cash-Flow verfüge und erfolglos bei der Suche nach neuen Investoren geblieben sei. Weiterhin ließ man verlauten, dass überlegt werde, das Geschäft zu liquidieren und dass, nachdem alle Gläubiger ausbezahlt seien, wohl kein Vermögen mehr vorhanden sei, um es an die Aktionäre zu verteilen.

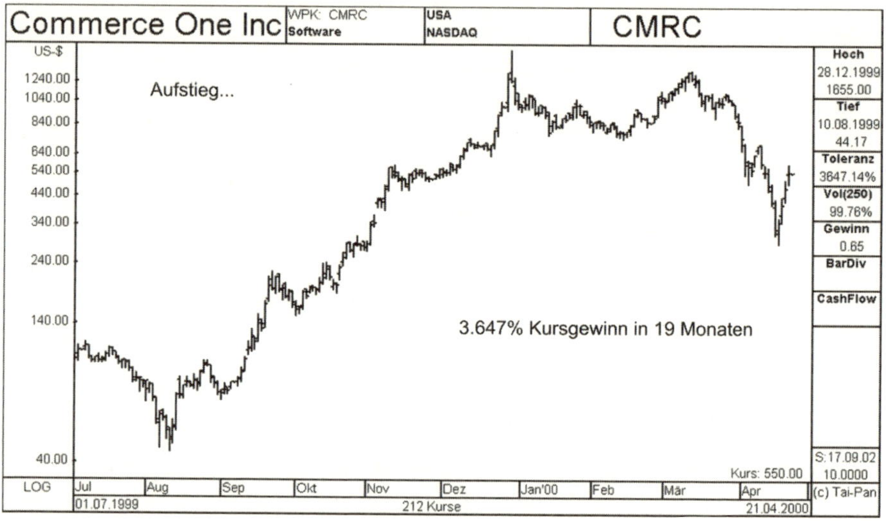

Doch was nun folgt, ist noch abstruser: Obwohl dies eine eindeutige Bankrotterklärung des Unternehmens war, wurde die Aktie weiter gehandelt! Sie verlor am Tag der Bekanntmachung 62% und am Tag darauf weitere 26%. Dabei wurden sage und schreibe 6 Millionen Aktien gehandelt! Obwohl die Aktie doch eindeutig wertlos war, fanden die Verkäufer der Aktie noch Käufer, die sie ihnen abnahmen. Unglaublich!

Auch im Mai 2005 wurde die Aktie noch gehandelt: Als Penny-Stock mit Kursen von unter 10 Cents. Im Februar 2006 wurde Commerce One von Perfect Commerce übernommen …

Ich könnte Ihnen hier reihenweise Charts derartiger Aktien zeigen. Auch ich habe früher geglaubt, je kleiner der Preis, umso größer die Chance: Klar, eine Aktie, die ich für 50 Cent kaufe, braucht nur um 50 Cent zu steigen, um mir 100% Kursgewinn zu bescheren. Aber sie braucht auch nur um 50 Cent zu fallen, um nichts mehr wert zu sein. Nur 10 Cent Kursrückgang bedeuten bereits 20% Kursverlust; 20 Cent sind schon 40% Minus – und so fort.

Mir öffnete ein Erlebnis auf einer ganz anderen Ebene die Augen: Vor vielen Jahren wurden Videorekorder immer beliebter und schließlich auch erschwinglich. Da ich damals nicht zu viel Geld ausgeben konnte und wollte, erwarb ich einen der billigsten Videorekorder, den ich bekommen konnte.

An dem Gerät hatte ich leider nicht viel Freude. Ich hatte ständig Bandsalat und entsprechend beschädigte Videobänder – besonders ärgerlich bei Videoaufnahmen, die einem am Herzen liegen. Ich weiß nicht mehr, wie oft ich das Gerät zur Reparatur brachte. Auf jeden Fall kostete es mich letztendlich mehr, als ein Gerät der „Luxusklasse" gekostet hätte.

Mein Schwager gab mir damals einen entscheidenden Hinweis: „Wenn Du etwas anschaffst, von dem Du DAUERHAFT etwas haben willst, dann musst Du QUALITÄT KAUFEN!! Das ist zwar etwas teurer, aber Du wirst die damit verbundenen Vorteile genießen und länger etwas davon haben!" Ich musste zugeben, dass er Recht hatte. Denn es ist wohl unstrittig, dass Qualität, Leistung, Komfort, Sicherheit und Preis eines Mercedes SLK ganz einfach höher sind als die eines VW Polo. Aber wenn Ihnen jemand frontal ins Auto fährt, sind Sie im Mercedes unzweifelhaft besser geschützt!

Ich habe fortan diesen Ratschlag beherzigt. Und ich bekam immer wieder bestätigt, dass mein Schwager Recht hatte. Auch an der Börse!

Wenn Sie erfolgreich an der Börse agieren wollen, müssen Sie QUALITÄT KAUFEN! Nur beste Qualität gibt Ihnen auf Dauer ein hohes Maß an Wahrscheinlichkeit, dass Sie den höchsten Genuss (Kursgewinne) und den geringsten Ärger (Kursverluste) haben werden.

Wenn Sie Aktien kaufen, die durch ihren Kursanstieg Stärke zeigen, so zahlen Sie eine Prämie für einen unschätzbaren Vorteil: Sie erhöhen die Wahrscheinlichkeit, dass Sie mit Ihrer Kaufentscheidung richtig liegen!

4.2 Woran erkennen Sie qualitativ hochwertige Aktien?

Die Antwort ist simpler, als Sie vielleicht vermuten!

Haben Sie sich jemals die Frage gestellt, warum der Kurs einer Aktie steigt? Oder was eigentlich dahinter steckt, wenn ein Aktienkurs ein neues Allzeithoch erreicht?

Die Börse ist eine kontinuierliche Auktion von Aktien. Wie bei einer Versteigerung werden die angebotenen Aktien an die Marktteilnehmer verkauft, die am meisten bieten. Ist das Angebot an Aktien höher als die Nachfrage nach ihnen, müssen sich die Anbieter mit einem niedrigeren Preis begnügen, wenn sie ihre Aktien verkaufen wollen. Ist das Angebot an Aktien geringer als die Nachfrage nach ihnen, so müssen die nachfragenden Marktteilnehmer wegen der höheren Konkurrenz mehr Geld bieten, um die Aktien kaufen zu können.

Andersherum gesagt: Aktien sinken im Kurs, wenn das Angebot die Nachfrage übersteigt. In der Konsequenz heißt das für Sie: Wenn Sie Aktien kaufen, die im Kurs gesunken sind, dann kaufen Sie Aktien, die immer weniger Marktteilnehmer haben wollen und die deshalb sehr wahrscheinlich noch weiter absinken.

Aktien erhöhen sich im Kurs, wenn die Nachfrage das Angebot übersteigt. Da Sie aber nur dann mit dem Kauf von Aktien Geld verdienen, wenn diese im Kurs steigen, ist es folglich wesentlich lukrativer, auf Aktien zu setzen, deren Kurs in jüngster Zeit gestiegen ist.

4.3 Wie steigt eine Aktie von 20 auf 40 $ und weiter auf 60 $?

Vor allem mit viel Geduld!

Und indem sie erst auf 21 $, dann 22 $, dann 23 $ usw. steigt, bis sie irgendwann bei 40 $ und noch später bei 60 $ ankommt.

Die Zeit ist dabei ein entscheidender Faktor: Eine Aktie wird selten von einem Tag auf den anderen bekannt. Ein kleines, unbekanntes Unternehmen wird ja schließlich auch nicht von heute auf morgen zu einem Weltmarktführer. Dazwischen liegt eine Menge Arbeit für das Unternehmen – und eben viel Zeit!

Der Bekanntheitsgrad eines Wachstumswertes nimmt langsam und allmählich zu. Und mit dem Bekanntheitsgrad wächst auch das Interesse der Anleger an dieser Aktie. Immer neue Investoren werden aufmerksam und kaufen die Aktie. Ab dem Zeitpunkt, da die meisten Marktteilnehmer auf die Aktie aufmerksam geworden sind, erlahmt das Interesse und damit die Nachfrage. Getreu der Börsenregel: „Informationen, die jeder hat, sind wertlos!"

Deshalb ist es die vornehme Aufgabe des Momentum Traders, Aktien dann zu kaufen, wenn sie den meisten Investoren als zu teuer erscheinen.

Sie erinnern sich?

Die Mehrzahl der Marktteilnehmer an der Börse liegt immer falsch!

4.4 Das Momentum

Der Momentum Trader macht sich die Eigenschaft des Momentums zunutze: Kurse, die einen Schub nach oben erhalten, steigen in aller Regel weiter an. Je öfter Aktien einen solchen Schub erhalten, desto weiter werden sie im Kurs nach oben getragen.

Was haben all die Mega-Kursgewinner wie Microsoft, Dell Computer oder eBay gemeinsam?

Um zu solchen Mega-Kursgewinnern zu werden, mussten sie vor allem eines: immer und immer wieder NEUE HÖCHSTKURSE erreichen!

Wie wir gerade gesehen haben, klettert ein Aktienkurs dann, wenn die Nachfrage das Angebot übersteigt. Wenn eine Aktie einen neuen Höchststand erreicht, dann liegt die Ursache dafür in einer besonders starken Nachfrage.

Der Grund dafür ist leicht einzusehen: Auf einem neuen Hoch ist JEDER Aktionär dieser Aktie im Gewinn (mit Ausnahme derer, die zu diesem Kurs gekauft haben), denn jeder, der vorher gekauft hat, hat ja zu einem niedrigeren Kurs gekauft. Somit hat keiner der Aktionäre ein sonderliches Interesse daran, die Aktie zu verkaufen. Das Angebot geht zurück.

Entsprechend muss jeder neue Investor, der in die Aktie einsteigen möchte, etwas mehr Geld bieten, um (Alt-)Aktionäre dazu zu bringen, ihre Anteile abzugeben. Die Folge sind weitere Allzeithochs.

Anders ausgedrückt: Neue Allzeithochs führen in aller Regel zu weiteren neuen Allzeithochs. Und neue 52-Wochen-Hochs, also die innerhalb eines Jahres erreichten neuen Höchstkurse, führen überwiegend zu neuen 52-Wochen-Hochs. Dieses Phänomen wird als Momentum bezeichnet.

Nun wissen Sie, warum Mega-Kursgewinner immer wieder neue Rekordhochs erreichen. Und warum es besser ist, teuer zu kaufen und noch teurer zu verkaufen!

Das Momentum-Phänomen ist die Basisidee für den Momentum Trader und der Grund, warum ich nach Aktien Ausschau halte, die neue Rekordhochs erreichen oder auf der Liste der 52-Wochen-Hochs (New Highs) erscheinen.

Für ALLE Ihre anderen Handelsstrategien sollten Sie dieses mitnehmen:

Achten Sie darauf, dass Aktien, die Sie kaufen wollen oder die Sie im Depot halten, nicht auf der Liste der Aktien mit 52-Wochen-Tiefs (New Lows) auftauchen. Falls doch, lassen Sie tunlichst die Finger davon bzw. verkaufen Sie UMGEHEND. Konzentrieren Sie Ihre Käufe stattdessen auf Aktien, die neue 52-Wochen-Hochs oder sogar neue Allzeithochs erreichen.

4.5 Warum ist es so schwer, teure Aktien zu kaufen?

Viele Investoren haben ein emotionales Problem mit dem Kauf von Wachstumsaktien.

Ich möchte Ihnen dies anhand eines Erlebnisses erläutern, das ich 1994 hatte. Zu dieser Zeit arbeitete ich als Wertpapierberater bei einer großen deutschen Bank. Als Berater konnten wir damals noch selbstständig entscheiden, welche Aktien wir unseren Kunden empfahlen.

Bei dem Research für meine Kunden stieß ich auf eine kleine deutsche Firma aus Walldorf, die Unternehmenssoftware anbot. Der Name der Gesellschaft war: SAP AG.

SAP bietet Softwarelösungen für Unternehmen an, die diesen helfen, die Geschäftsbeziehungen zwischen Firma und Kunde zu verbessern, Geschäftsprozesse zu optimieren und Logistikketten effizienter zu gestalten.

Die Programme des Unternehmens waren damals seit einiger Zeit sehr gefragt. Der Umsatz war im Jahr 1993 um 32,5% von 425 auf 563 Millionen € gestiegen. In jenem Jahr hatte die SAP-Aktie auch ihren phänomenalen Aufstieg begonnen. Bis zum Frühjahr 1994 hatte sich der Kurs verdreifacht. Das Unternehmen berichtete weiterhin von einem starken Wachstum ihres Geschäftes.

SAP AG

Jahr	Umsatz *)	Wachstumsrate	Nettogewinn *)	Wachstumsrate
1992	425		65	
1993	563	32%	75	15%
1994	936	66%	144	92%
1995	1378	47%	207	44%
1996	1903	38%	290	40%
1997	3077	62%	473	63%
1998	4328	41%	537	14%
1999	5110	18%	601	12%
2000	6265	23%	634	5%

*) Angaben in Millionen €

Daher empfahl ich die Aktie mehreren meiner Kunden zum Kauf. Aber alle winkten ab: Ein völlig überzogener Kursanstieg! Eine Aktie, die bereits 200% innerhalb nur eines Jahres zugelegt hatte – die war doch bereits viel zu teuer. Das KGV von SAP rangierte in jenem Jahr zwischen 13 und 38! Ein solches Papier konnte ja nur noch abstürzen!

Nun, Sie wissen vermutlich, wie die Geschichte weiterging: Ein Jahr später, im Frühjahr 1995, hatte sich der Kurs erneut mehr als verdoppelt (+144%). Weitere sechs Monate später, im September 1995, hatte sich der Kurs ein weiteres Mal verdoppelt.

SAP steigerte den Umsatz in jenem Jahr von 563 auf 936 Millionen € – eine Verbesserung um 66%! Der Gewinn wurde von 75 auf 144 Millionen € sogar fast verdoppelt! Das KGV bewegte sich in jenem Jahr übrigens zwischen 25 und 68! Für meine Kunden erst recht ein Grund, eine solch teure Aktie NICHT zu kaufen!

Und endlich behielten meine Kunden Recht: Der Kursanstieg schien beendet. Tatsächlich tendierte die SAP-Aktie ein gutes Jahr seitwärts. Im November 1996 nahm SAP wieder Fahrt auf und erreichte im Juli 1998 ihr vorläufiges Allzeithoch – nach weiteren knapp 600% Kursgewinn! Interessanterweise schwächten sich in jenem Jahr auch erstmals die Wachstumsraten beim Umsatz und vor allem beim Gewinn kräftig ab.

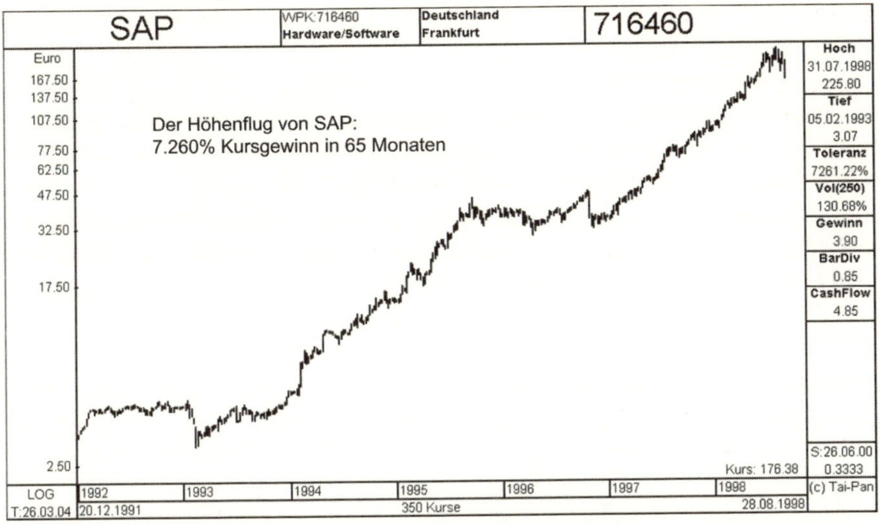

Heute ist SAP der weltweit drittgrößte unabhängige Softwareanbieter und beschäftigt rund 30.000 Mitarbeiter. Meine Empfehlung aus dem Jahr 1993 hätte meinen Kunden in gut fünf Jahren rund 2.400% Kursgewinn bescheren können – wenn sie mutig genug gewesen wären, meinem Rat zu folgen und der Aktie treu zu bleiben.

Mir selbst fehlte dieser Mut damals allerdings auch …

Was ich damals noch nicht realisierte, war, dass ich, ohne es zu wissen, eine echte Wachstumsaktie ausfindig gemacht hatte. Aber warum wollten meine Kunden diese Wachstumsaktie nicht kaufen?

Ich bin ein besserer Investor, weil ich Geschäftsmann bin, und ein besserer Geschäftsmann, weil ich Investor bin.
Warren Buffett

4.6 Aktien & Emotionen

Mit der Zeit begann ich zu verstehen, dass meine Kunden und ich einem vollkommen menschlichen, psychologischen Problem Tribut zollten: Wir etikettieren starke Kursgewinne beinahe automatisch mit Begriffen wie „Überbewertung" und „hohes Kursrisiko". Getreu dem Motto: „Was hoch steigt, kann tief fallen!"

Aber das ist natürlich falsch! Im „wirklichen" Leben würden Sie es ja auch komplett anders machen!

Sie glauben mir nicht?

Lassen Sie mich Ihnen ein Beispiel geben: Stellen Sie sich bitte für einen Moment vor, Sie hätten ein kleines Fahrradgeschäft. In diesem Jahr, das haben Sie schon festgestellt, laufen Mountainbikes sehr gut. Bei Ihrem Lieferanten haben Sie deshalb gerade ein völlig neues Modell geordert und zwar jeweils zehn Stück in den Farben rot, gelb und blau. Nach nur drei Tagen ist das blaue Mountainbike total ausverkauft, von dem gelben Mountainbike sind noch fünf Exemplare übrig, von den zehn roten Mountainbikes konnten Sie keines verkaufen.

Bevor Sie weiterlesen, überlegen Sie bitte einmal, was Sie jetzt tun würden.

Rufen Sie Ihren Lieferanten an und sagen ihm, dass sich die roten Mountainbikes zwar bislang nicht verkauft haben, aber Sie davon noch welche nachbestellen, weil Rot ohnehin Ihre Lieblingsfarbe ist und die Kunden schon noch „auf den Geschmack" kommen werden? Wohl kaum!

Als clevere(r) Fahrradhändler(in) werden Sie Ihren Lieferanten anrufen und blaue Mountainbikes nachbestellen. Ihre Ladenhüter, die roten Mountainbikes, werden Sie hingegen solange im Preis heruntersetzen, bis sie verkauft sind.

Ich habe meiner Frau und meinem Sohn dieselbe Frage gestellt. (Und beide sind beileibe nicht kaufmännisch veranlagt.) Beide reagierten unabhängig voneinander wie ein cleverer Geschäftsmann(frau).

Wie sollte daher Ihr Fazit lauten? Handeln Sie bei Ihren Investments genauso clever wie ein Geschäftsmann!

- Kaufen Sie das, was **in Mode kommt,** nicht das, was **außer Mode ist!**
- Lassen Sie an der Börse Ihre eigenen **Emotionen und Vorlieben außen vor.**
- **Laufen Sie nicht Aktien hinterher, die im Kurs nachgeben,** weil sie keiner haben will!
- **Kaufen Sie** stattdessen **Aktien, die** gefragt sind und daher **im Kurs steigen!**

Wenn Sie diese Prinzipien missachten und stattdessen auf Ihren persönlichen Ansichten, Gefühlen oder Emotionen beharren, dann verhalten Sie sich exakt so, wie sich die große Masse an der Börse seit eh und je verhält. Aber es wird Sie wahrscheinlich eine Stange Geld kosten.

5 Unternehmensgewinne: die kurstreibende Kraft

Das schlimmste Verbrechen an der arbeitenden Bevölkerung ist ein Unternehmen, das nicht in der Lage ist, Gewinn zu erzielen.
Samuel Gompers (Gewerkschaftsführer)

Die Gewinnentwicklung eines Unternehmens in der Zukunft ist der entscheidendste und fundamental wichtigste Faktor für künftige Kurssteigerungen. Die Gewinne sollten stetig wachsen. Für gute Gesellschaften ist es keine große Schwierigkeit, ein Gewinnwachstum von 5 bis 10% pro Jahr zu erwirtschaften. Wachstumswerte schaffen jedoch weitaus mehr.

Ich habe einmal vier der großen Kursgewinner der 90er-Jahre für Sie etwas genauer unter die Lupe genommen: Jedes dieser vier Unternehmen verdiente im vergangenen Jahrzehnt Jahr für Jahr viel Geld. Und jedes dieser vier Unternehmen wies dabei eine außergewöhnlich hohe Wachstumsrate aus.

Beispiel: Microsoft
Der Softwarekonzern steigerte seinen Gewinn zwischen 1986 und 1990 im Durchschnitt um jährlich 61%. Die Aktie legte in dieser Zeit um 1.030% zu!

Beispiel: Cisco Systems
Cisco steigerte den Gewinn zwischen 1990 und 1994 um durchschnittlich 132% pro Jahr. Der Aktienkurs kletterte in diesem Zeitraum um 3.200%.

Beispiel: Intel
Intels Gewinne wuchsen zwischen 1990 und 1993 um durchschnittlich 53% pro Jahr. Die Aktionäre freuten sich über 430% Kursgewinn!

Beispiel: Tellabs
Tellabs kam erst ab 1992 so richtig in Fahrt: Nach sich abwechselnden Gewinn- und Verlustjahren erhöhte Tellabs das Ergebnis je Aktie 1992 um 135,3% und im Jahr darauf um 72,5%, also im Durchschnitt um 104%. In dieser Zeit erhöhte sich der Wert der Aktie um über 400%! Als die Aktie im August 1994 nach einer Korrektur zu einem neuerlichen Höhenflug ansetzte, hatte das durchschnittliche Gewinnwachstum der letzten beiden Quartale bei 357% gelegen. Vier Jahre später notierte Tellabs 971% höher!

Diese Beispiele machen deutlich, dass es bei der Aktienauswahl entscheidend auf die Ertragssituation eines Unternehmens ankommt. Dabei verbessert eine hohe Gewinndynamik (Wachstumsrate der Gewinne) das Kurspotenzial in dieser Aktie um ein Vielfaches.

In den 90er-Jahren war es zumeist einfach, mit Aktien große Gewinne einzufahren. Die Internet-Revolution verhalf dem Aktienmarkt insgesamt, aber auch vielen Unternehmen, die es so sicherlich nicht verdient hatten, zu extremen Kurssteigerungen.

Nach der tiefen Baisse der Jahre 2000 bis 2003 schält sich wieder die alte Börsen-Binsenweisheit heraus, die lange Zeit außer Kraft gesetzt schien: Auf Dauer zählen an der Börse EINZIG UND ALLEIN Unternehmensgewinne. Je stärker das Gewinnwachstum ist, desto höher sind die Ertragschancen.

Für den Momentum Trader suche ich solche Unternehmen, die in der Lage sind, außergewöhnlich stark zu wachsen. Unternehmen, deren Gewinnwachstum in der jüngeren Vergangenheit besonders stark nach oben weist, haben häufig auch enormes Kurspotenzial. Daher lege ich die Messlatte im Momentum Trader auf 25% Gewinnplus im Durchschnitt der letzten zwei Quartale.

Die Fähigkeit, eine Idee zu verkaufen, ist
ebenso wichtig wie die Idee selbst.
Bernard Baruch

5.1 Junge Unternehmen wachsen häufig besonders stark

Jeder neue Zyklus im Aktienmarkt ist zugleich auch die Geburtsstunde junger Unternehmen mit frischen neuen Produkten oder Dienstleistungen, die sich zu Marktführern aufschwingen. Nur wenige der altvertrauten früheren Marktführer spielen dieselbe Rolle in dem neuen Bullenmarkt.

Es gibt verschiedene Studien, die demonstrieren, dass rund 80% der Unternehmen mit starkem Gewinn- und Umsatzwachstum nur wenige Jahre zuvor an die Börse gegangen sind.

Zu solchen „jungen Wilden“ gehören Aktien wie Solarwinds Inc., Dollar General Corp. Oder Kabel Deutschland Holding. Die Tabelle zeigt Ihnen, zu welchen Kursgewinnen diese jungen Unternehmen in der Lage sind.

Gewinnzuwächse von 25% und mehr, wie der Momentum Trader sie fordert, erzielen überwiegend junge Unternehmen. Wenn diese Firmen dann älter und größer werden, gehen die Zuwachsraten fast immer mehr oder weniger deutlich zurück. Warum ist das so?

Entwicklungspotenzial junger Unternehmen (willkürliche Auswahl)	Börsengang	erste Notierung	Kurs am 17.08.12	Veränderung
Solarwinds Inc.	Mai 09	13,75 $	56,61 $	312%
Dollar General Corp.	Nov 09	22,73 $	51,35 $	126%
Kabel Deutschland Holding	Mrz 10	22,24 €	52,93 €	138%
Brenntag	Mrz 10	54,00 €	92,13 €	71%
Gnc Holdings, Inc.	Apr 11	16,75 $	35,75 $	113%
Invensense Inc.	Nov 11	8,90 $	13,60 $	53%
Michael Kors Holdings	Dez 11	24,20 $	52,09 $	115%

Junge Unternehmen, insbesondere solche mit innovativen Produkten, die unter Umständen eine ganze Branche oder gar die Welt revolutionieren, haben in ihrer Startphase kaum oder gar keine Konkurrenz. Sie besetzen mit ihrer Produkt-/Dienstleistungsidee häufig eine Marktnische. Da ihr Marktanteil noch unbedeutend ist, können sie nahezu unbegrenzt wachsen.

Erst nachdem sie eine gewisse Größe und Bedeutung erlangt haben, ihre Produkte oder Dienstleistungen sich einen „Namen“ erworben haben, kommen erste Firmen mit Nachahmer- oder ähnlichen Produkten auf den Markt. Diese Zeit ist häufig eine schwierige Phase für derartige Wachstumsunternehmen. Denn in einer solchen Entwicklungsstufe gilt es nicht allein, sich gegen die Konkurrenz zu behaupten. In einer solchen Phase entscheidet sich häufig, ob das Unternehmen in seinem Bereich die Marktführerschaft behaupten oder an sich reißen kann. Oft bieten sich hier die größten Chancen, durch Zukauf oder Übernahme kleinere Konkurrenten auszuschalten und auf diese Weise seinen Marktanteil zu vergrößern.

The eBay-Way

Ich möchte Ihnen dies am Beispiel des Internet-Auktionshauses eBay einmal illustrieren:

Das 1995 von Pierre Omidyar gegründete Online-Auktionshaus eBay war eine der wenigen Internetfirmen, die sehr schnell Geld verdienten. eBay stellt Verkäufern eine Plattform zur Verfügung, über die sie online Waren zum Verkauf anbieten. Wer nach Ablauf einer vorher bestimmten Zeitspanne das höchste Gebot für den angebotenen Artikel abgegeben hat, erhält den Zuschlag. Die Abwicklung des Geschäftes, also die Bezahlung und den Versand der Ware, machen Käufer und Verkäufer unter sich aus. eBay stellt die elektronische Handelsplattform zur Verfügung und erhebt dafür Nutzungsgebühren und Provisionsbeteiligungen beim erfolgreichen Abschluss einer Versteigerung.

eBay erzielt seit seiner Gründung Jahr für Jahr einen Gewinn. Firmengründer Omidyar vereinnahmte bereits früh geringe Auktionsgebühren und erzielte dadurch bereits im Februar 1996 erste Gewinne! Schon kurze Zeit später erkannten andere Firmen die Genialität der eBay-Idee: Online-Auktionshäuser schossen weltweit wie Pilze aus dem Boden. In Deutschland gingen gleich mehrere Auktionshäuser an den Start: Primus-Online, Auxxion, Ricardo.de oder das Berliner Auktionshaus alando.de. Letzteres wurde beispielsweise von eBay „geschluckt" – dadurch etablierte sich eBay auf einen Schlag auf dem deutschen Markt.

Die Marketingstrategie war dieselbe wie in den USA: Zunächst gestattete eBay den Kunden, ihre Auktionen kostenfrei auf der eBay-Internetseite einzustellen. Nachdem sie sich daran gewöhnt hatten, erhob das Unternehmen eine Einstellgebühr. Die meisten anderen Auktionshäuser verschwanden hingegen nach und nach vom Markt, weil sie allzu sehr darauf fixiert waren, Kunden zu generieren – nicht aber an ihnen Geld zu verdienen.

Während der frühen Wachstumsphase schnellte der Kurs der Aktie enorm in die Höhe: Zwischen Oktober 1998 und April 1999 explodierte die Aktie um 2.680%. Mit dem zunehmenden Wettbewerb und Konkurrenzdruck beruhigte sich auch das Kursgeschehen merklich. Der begonnene Kampf um Marktanteile und Vormachtstellungen schlug sich 1999 vor allem im Ergebniswachstum des Unternehmens nieder: Der Gewinn pro Aktie erhöhte sich nur um 12,5%, während der Umsatz um 161% zulegte.

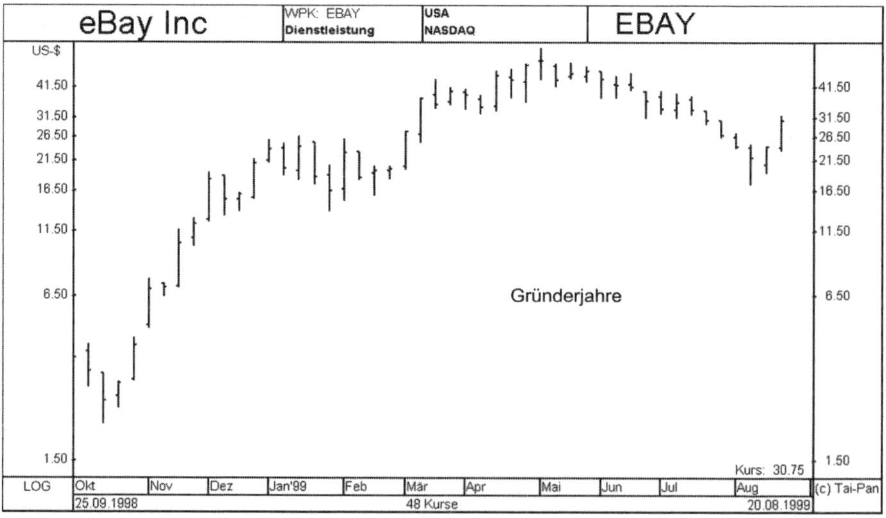

Ab dem Jahr 2000 waren die Marktanteile weitgehend verteilt – zu Gunsten von eBay! Seither wächst das Unternehmen mit Raten von 58 bis 392% beim Gewinn pro Aktie und 62 bis 92% beim Umsatz.

Heute ist eBay praktisch konkurrenzlos, hat in seinem Bereich eine ähnlich marktbeherrschende Position wie Microsoft bei Betriebssystemen und ist eine wahre Cash-Maschine. Das Geheimnis: eBay stellt Käufern und Verkäufern lediglich eine Handelsplattform zur Verfügung und kassiert Provisionen für das Einstellen und für die Vermittlung von Auktionen. Dazu benötigt es verhältnismäßig wenig Personal und hat nur geringen Kapitaleinsatz. Im April 2004 verbuchte eBay 60 Millionen Besucher auf ihrer Webseite – damit hatte das Unternehmen die fünftmeist besuchte Internetseite weltweit! Nur Yahoo, Time Warner, Microsoft's Service MSN und Google vereinen noch mehr Klicks auf ihren Webseiten.

eBay ist heute groß, aber noch nicht riesig: Noch immer besteht ausreichend Wachstumspotenzial. Und so schickt sich das Unternehmen nun an, auch die letzten unberührten Flecken der Erde zu erobern: 2011 übernahm eBay EachNet, ein Online-Auktionshaus in China.

Bigger, Not Better!

Schauen wir uns nun zum Vergleich einen „Großen" an: Microsoft.

Microsoft ist der weltgrößte Softwarekonzern. Im Geschäftsjahr 1990 überschritt der Konzern erstmals die Marke von 1 Milliarde $ Umsatz. Und 1997 wurden erstmals mehr als 10 Milliarden $ umgesetzt. Microsoft veröffentlicht auch heute noch beeindruckende Zahlen.

Aber in einem Punkt unterscheidet sich Microsoft heute von Microsoft früher: Die Zuwachsraten bei Umsatz und Gewinn sind rückläufig. Um Ihnen dies zu verdeutlichen, habe ich in der untenstehenden Grafik die Wachstumsraten für Umsatz und Gewinn zwischen 1986 und 2003 zusammengestellt.

Um die jährlichen Veränderungen zu glätten, habe ich jeweils den Durchschnittswert der davorliegenden drei Jahre ermittelt. Die Balken für 1988 zeigen somit die Mittelwerte des Wachstums der Jahre 1986, 1987 und 1988, die für 1989 die Mittelwerte der Jahre 1987 bis 1989 usw. Diese Mittelwertberechnung benutze ich übrigens auch für den Momentum Trader.

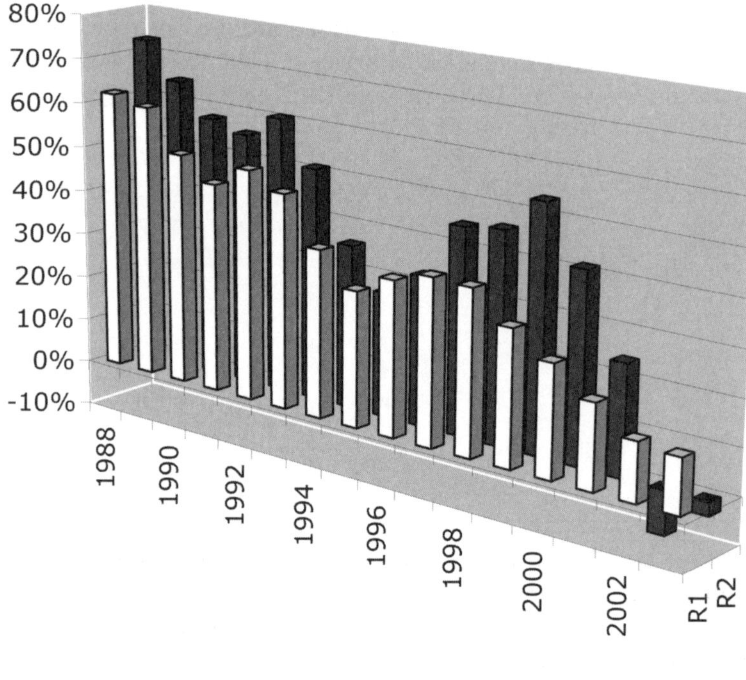

Die Beispiele eBay und Microsoft zeigen, warum der Momentum Trader überwiegend kleinere und mittlere Wachstumsunternehmen sucht.

Knallharte Kriterien

Aus diesem Grund habe ich für die Auswahl der in Frage kommenden Wachstumsaktien knallharte Kriterien aufgestellt.

Zunächst treffe ich eine gewisse Vorauswahl, was die Entwicklung von Gewinn und Umsatz anbetrifft. Werden in diesem Bereich nicht bestimmte Mindestanforderungen erfüllt, erübrigt sich ein weiteres Screening. Um überhaupt

Eingang in mein Momentum Trader-Screening-System zu erhalten, fordere ich vom untersuchten Unternehmen

- ein durchschnittliches Gewinnwachstum von mindestens 25% in den letzten zwei Quartalen
- ein durchschnittliches Umsatzwachstum von 5 bis 10% innerhalb der letzten zwei bis drei Jahre.

Warum ist das Umsatzwachstum wichtig, wenn doch der Gewinn die kurstreibende Kraft ist?

Ein Unternehmen kann seine Gewinne auf mehrere Arten in die Höhe treiben:

- durch wachsende Verkäufe der vertriebenen Produkte bzw. Dienstleistungen
- durch Kostensenkung
- durch Verkäufe von Vermögensteilen

Was ich in erster Linie sehen möchte, sind Gewinne, die durch zunehmende Verkäufe von Produkten oder Dienstleistungen entstehen. Dies erkenne ich am besten an einer gleichartigen Entwicklung des Umsatzwachstums.

Eine Ausnahmephase war der Internet-Boom während der zweiten Hälfte der 90er-Jahre. In dieser Ära verbuchten viele der großen Kursgewinner wohl dreistellige Wachstumsraten beim Umsatz, während eher selten Gewinne gemacht, dafür aber meist Geld verbrannt wurde (Burning Cash). Viele dieser Internetfirmen hatten kaum mehr als einen Geschäftsplan – kein Wunder, dass viele von ihnen heute nur noch ein Dasein als Penny-Stocks fristen.

Kostensenkungen in einem Unternehmen sind grundsätzlich zu begrüßen. Für Unternehmen mit einem hervorragenden Management sollte dies allerdings ein vitaler und daher kontinuierlicher Prozess sein. Wachsen Gewinne nahezu ausschließlich durch kostensenkende Maßnahmen, kommt das Unternehmen irgendwann an einen Punkt, an dem nur noch marginale Kostensenkungen möglich sind. Spätestens ab diesem Punkt kann diese Firma ihren Gewinn nur noch durch eine Ausweitung der Umsätze erhöhen.

Verkäufe von Vermögensteilen können positiv oder negativ sein: Wenn sich eine Gesellschaft beispielsweise von Unternehmensteilen trennt, um sich auf ihr Kerngeschäft zu konzentrieren, so bewerte ich dies positiv. Negativ wäre es hingegen, wenn solche Verkäufe zur reinen Geldbeschaffung durchgeführt würden: Dies deutet auf ernst zu nehmende Liquiditätsprobleme Dies ist ein weiterer Grund dafür, dass ich für die Erfüllung des Kriteriums Gewinnentwicklung einen Mittelwert heranziehe: Er eliminiert oder besser gesagt, er glättet solche meist einmaligen Vorgänge.

Fassen wir noch einmal zusammen:

- Ein Unternehmen, dessen Gewinn stärker wächst als der Umsatz, beweist, dass es organisch wächst und in der Lage ist, seinen Gewinn durch kostensenkende Maßnahmen oder Verbesserung der Marge zusätzlich zu erhöhen.
- Ein Unternehmen, dessen Gewinn und Umsatz gleichförmig ansteigen, wächst organisch, also durch zunehmenden Verkauf seiner Produkte.
- Bei einem Unternehmen, dessen Gewinn markant langsamer wächst als der Umsatz, könnte finanziell etwas im Argen liegen. Eine solche Entwicklung deutet häufig auf einen fahrlässigen Umgang mit den Kosten oder zu geringe Margen hin.

Das Konzept des Momentum Traders

6 Welche Aktien eignen sich am besten für die Momentum-Strategie?

Um die Aktien ausfindig machen zu können, die ich suche, muss ich auf ausreichende Daten zurückgreifen können. Für meine Vorgehensweise schaue ich zwar auch auf jährliche Veränderungen, diese reichen aber nicht aus. Da die größten Kursgewinner in den letzten beiden Quartalen vor dem Beginn ihrer Aufwärtsbewegung besonders hohe Wachstumsraten aufwiesen, muss ich auch auf Daten auf Quartalsbasis zugreifen können.

Damit qualifizieren sich grundsätzlich die Unternehmen für die Momentum Trader-Strategie, die regelmäßig jedes Quartal Bericht über Ihr Zahlenwerk erstatten. Dazu gehören in Deutschland beispielsweise alle Unternehmen, die im sogenannten Prime Standard gelistet sind. Die im Prime Standard der Frankfurter Wertpapierbörse gelisteten Unternehmen müssen über die Anforderungen des General Standard hinaus hohe Transparenz-Anforderungen erfüllen. Dazu gehören unter anderem die Veröffentlichung von Quartalsberichten oder die Rechnungslegung nach internationalen Bilanzstandards wie IFRS/IAS oder US-GAAP.

Im vergangenen Jahrzehnt ist die Zahl der quartalsweise berichtenden Unternehmen nicht nur in Deutschland, sondern auch in Europa deutlich angestiegen. Dadurch hat sich die Basis für die für die Momentum Trader-Strategie in Frage kommenden Aktien erheblich erweitert. Somit lassen sich in dieser Region immer häufiger attraktive Wachstumsperlen finden.

6.1 Warum Small- und MidCap-Aktien das größte Kurspotenzial bieten

Wenn Sie den Abschnitt 5.1 „Junge Unternehmen wachsen häufig besonders stark“ gelesen haben, dann dürfte Ihnen klar sein, warum der Momentum Trader überwiegend auf SmallCaps und MidCaps setzt.

Hier noch einmal die wichtigsten Punkte zusammengefasst:

- junge Unternehmen mit neuen innovativen Produkten haben in den ersten Jahren praktisch keine Konkurrenz
- durch den schnellen Aufbau von Marktanteilen wachsen sie in den ersten Jahren besonders stark bei Gewinn und Umsatz
- junge Unternehmen sind flexibler als alteingesessene

- junge Unternehmen sind noch nicht institutionalisiert – dafür aber meist sehr engagiert und visionär
- je größer die Marktanteile sind, umso schwerer wird es – schon rein rechnerisch – hohe Wachstumsraten vorzulegen
- SmallCaps und MidCaps haben eine verhältnismäßig kleine Marktkapitalisierung – erhöhte Nachfrage an der Börse wirkt sich so schneller auf den Kurs aus.

Die Tabelle vergleicht die jährlichen Kursgewinne der drei Top-Performer der 90er Jahre. Die 5-Jahres-Performance stellt die Kursveränderungen der ersten, zweiten und dritten 5-Jahres-Periode nach dem Börsengang dar.

Vergleich der Kursperformance der 3 größten Kursgewinner der 90er Jahre

	Dell Corp			EMC Corp			Tellabs		
Jahr	Kurs	Jahres perf.	5-Jahres-Perf.	Kurs	Jahres perf.	5-Jahres-Perf.	Kurs	Jahres perf.	5-Jahres-Perf.
1988	0,10	16%		0,11	17%				
1989	0,06	-40%		0,07	-36%				
1990	0,19	217%		0,16	129%		0,62	17%	
1991	0,27	42%		0,25	56%		0,90	45%	
1992	0,75	178%	772%	0,73	192%	677%	1,03	14%	
1993	0,35	-53%		2,02	177%		2,95	186%	
1994	0,64	83%		2,69	33%		6,97	136%	1.215%
1995	1,08	69%		1,88	-30%		9,25	33%	
1996	3,32	207%		4,05	115%		18,81	103%	
1997	10,50	216%	1.300%	6,71	66%	819%	26,44	41%	
1998	36,60	249%		20,80	210%		34,28	30%	
1999	51,00	39%		53,46	157%		64,19	87%	821%
2000	17,44	-66%		65,08	22%		56,50	-12%	
2001	27,18	56%		13,44	-79%		14,96	-74%	
2002	26,74	-2%	155%	6,14	-54%	-8%	7,27	-51%	
2003	33,98	27%		12,92	110%		8,41	16%	

Bei den Kursen handelt es sich jeweils um die splittbereinigten Jahresschlusskurse. Berechnungen für das erste Jahr erfolgten auf Basis des ersten Schlusskurses beim Börsengang.

Es ist unschwer zu erkennen, dass die größten Kursgewinne in den ersten zehn Jahren nach dem Börsengang gemacht werden. Interessant zu beobachten ist weiterhin, dass die ersten großen Kursschübe bei Dell und EMC im dritten Jahr nach dem Börsengang erfolgten, bei Tellabs sogar erst im vierten Jahr.

6.2. Warum Sie die US-Aktien-Empfehlungen an den US-Börsen ordern sollten

Wenn der Trend an den US-Börsen aufwärts gerichtet ist und die Währungsentwicklung „mitspielt“, dann kann der Momentum Trader auch Kaufempfehlungen zu ausgewählten US-Wachstumsaktien geben. Die Währungsentwicklung spielt für Sie als in Euro oder Schweizer Franken anlegender Investor eine häufig unterschätzte Rolle oder wird oft sogar ignoriert.

Der Grund: US-Aktien notieren in US-Dollar. Die Parität der jeweiligen Währungspaare beeinflusst daher die Performance Ihres US-Investments maßgeblich. Steigt der Euro gegenüber dem US-Dollar, dann wird der Kursgewinn Ihrer US-Aktien um diesen Anstieg vermindert. Fällt der Euro gegenüber dem US-Dollar, dann erhöht dies Ihren Kursgewinn in der Aktie zusätzlich um einen Währungsgewinn.

Der Momentum Trader empfiehlt Ihnen ausdrücklich, empfohlene US-Aktien NUR an den US-Börsen NYSE (New York Stock Exchange), Nasdaq oder Amex (American Stock Exchange) zu ordern. Der Direktkauf in den USA beinhaltet jedoch kein zusätzliches Währungsrisiko, da auch die an deutschen, österreichischen oder Schweizer Börsen gehandelten Auslandsaktien bei der täglichen Kursfeststellung diese Paritäten berücksichtigen.

7 Die fundamentalen Kriterien: Das Momentum Trader-Screening-System

Um die besten Wachstumswerte ausfindig zu machen, benötigen wir ein System. Nur durch eine systematische Vorgehensweise ist es möglich, auf diese Ebene vorzustoßen. Die Suche nach der Art von Aktien, die ich ausfindig machen möchte, gleicht ein wenig dem Perlentauchen: Ich muss unzählige Austern öffnen, um eine Perle darunter zu finden. Allerdings reicht mir das noch nicht. Wenn ich einige Perlen gefunden habe, vergleiche ich alle miteinander und wähle die besten für meine Momentum Trader-Strategie aus.

7.1 Zwei Wege der Aktienanalyse

Auf die Basis reduziert, geht es bei jeder Art von Aktienanalyse schlichtweg um eines: Eine fundierte Prognose über die zukünftige Entwicklung eines Aktienkurses zu erstellen. Hierzu haben sich in der Vergangenheit vor allem zwei Wege herauskristallisiert: Die fundamentale und die Technische Analyse von Aktien.

7.1.1 Die Fundamentalanalyse

Wichtigstes Ziel der Fundamentalanalyse ist die Suche nach dem „inneren Wert" einer Aktie. Dieser „innere Wert" wird mit dem aktuellen Börsenkurs verglichen. Liegt der „innere Wert" der Aktie unter dem aktuellen Börsenkurs, entspricht das einer Überbewertung dieser Aktie. Die Aktie sollte daher besser verkauft werden. Liegt der „innere Wert" der Aktie über dem aktuellen Börsenkurs, entspricht das einer Unterbewertung dieser Aktie. Die Aktie sollte gekauft werden.

Die Ermittlung des „inneren Wertes" erfolgt zumeist mithilfe von zwei Methoden: Der Ertragswertmethode und der Substanzwertmethode. Oftmals werden auch beide Methoden miteinander kombiniert.

Die Ertragswertmethode schätzt – ausgehend von der laufenden Dividende – die zukünftigen Dividenden und den Liquidationserlös (bei Verkauf der Gesellschaft erzielbarer Geldbetrag) und zinst diese Größen auf ihren heutigen Wert ab. In der Regel wird jedoch der Liquidationserlös gar nicht einbezogen, da dessen Zeitpunkt und Höhe ja nicht vorhersehbar sind. Da zudem die Zahlung bzw. die Höhe der Zahlung der künftigen Dividenden schwer einzuschätzen sind, basiert diese Methode auf relativ vielen Unwägbarkeiten.

Die Substanzwertmethode bestimmt den tatsächlichen, momentanen Wert des Unternehmens anhand seiner Vermögenswerte. Hierzu werden von den Vermögenspositionen aus der Bilanz (Aktiva) die Schulden (Passiva) abgezogen. Das Zwischenergebnis ist der sogenannte Bilanzwert. Dieser wird im nächsten Schritt durch Hinzurechnung der stillen Reserven (nicht aus der Bilanz ersichtliche Vermögensteile) und durch Subtraktion von vermuteten Überbewertungen des Vermögens korrigiert. In einem letzten Schritt wird nun das errechnete Vermögen des Unternehmens durch die Anzahl der von ihm ausgegebenen Aktien dividiert. Als Endergebnis erhalten Sie den „inneren Wert".

Für die Momentum Trader-Strategie benutze ich die Fundamentalanalyse allerdings nicht, um einen „inneren Wert" zu ermitteln. Für den Momentum Trader ziehe ich lediglich die Kriterien heran, die nach meiner Börsenerfahrung die wichtigsten und aussagekräftigsten innerhalb dieser Analysemethode sind: Gewinn- und Umsatzentwicklung, Verbindlichkeiten, Lagerbestände, Bruttomarge und das Verhältnis von Cash zu Schulden.

7.1.2 Die Technische Analyse

Die Technische Analyse beschreitet einen komplett anderen Weg. Sie geht davon aus, dass sich im Börsenkurs einer Aktie zu jeder Zeit alle bekannten Faktoren niederschlagen, die deren zukünftiges Kursverhalten beeinflussen: Fakten und Nachrichten zum Unternehmen, alle Bewertungen (auch fundamentale), Ängste, Hoffnungen und Erwartungen der Anleger. Die Technische Analyse ignoriert also fundamentale Daten vollständig. Mit ihrer Hilfe werden Kursverläufe und daraus abgeleitete Indikatoren sowie Kursmuster aus Vergangenheit und Gegenwart analysiert und daraus Prognosen auf das künftige Kursverhalten abgeleitet.

Der wohl größte Vorteil der Technischen Analyse gegenüber der Fundamentalanalyse ist sicherlich ihre Aktualität und Dynamik: Bilanzdaten werden nur einmal pro Jahr und mit zeitlicher Verzögerung veröffentlicht, Quartalsdaten dagegen viermal im Jahr.

Andererseits vernachlässigt die Technische Analyse vollständig die finanzielle Situation eines Unternehmens. Wie wir aber bereits gesehen haben, ist insbesondere die Entwicklung des Gewinns die „treibende Kraft" für jede Aktie.

7.1.3 Die richtige Mischung macht's

Beide Analysemethoden haben große Vorteile, aber leider auch gewisse Nachteile, wenn ich sie ausschließlich für die Aktienanalyse heranziehe. Daher kombiniere ich in der Momentum Trader-Strategie die meiner Ansicht nach nützlichsten Teile beider Analysemethoden. So nutze ich die Fundamentalanalyse als eine Art Filter- oder Screening-System, um den wirklich besten Wachstumswerten auf die Spur zu kommen. Die Technische Analyse hingegen nutze ich ausschließlich dafür, den optimalen Zeitpunkt für den Kauf und den Verkauf der ausgefilterten Aktien zu finden.

Welcher Hilfsmittel der Technischen Analyse ich mich dabei bediene und wie ich das bewerkstellige, werde ich Ihnen in Kapitel 9 „Momentum: das perfekte Timing“ genau erläutern.

Management-Praktiken, die ein marodes
Unternehmen heilen können, hätten es auch
gesund gehalten.
John Whitney, Erzieher

7.2 Den Wachstumswerten den „Puls“ messen

Zunächst aber möchte ich Ihnen das von mir für den Momentum Trader entwickelte Screening-System vorstellen.

Das Screening-System erfüllt zwei überragende Funktionen:
- Auswahl der wachstumsstärksten Aktien
- Absenkung des Investitionsrisikos

Lassen Sie mich kurz erklären, was das für Sie bedeutet:

Wenn Sie beim Arzt einen persönlichen Check-Up machen, werden Sie auf Ihre Leistungsfähigkeit (zum Beispiel per EKG) und auf Ihren körperlichen Gesundheitszustand (zum Beispiel durch Test Ihrer Blutwerte) hin untersucht.

Natürlich messe ich den für die Momentum Trader-Strategie in Frage kommenden Aktien nicht nur den „Puls“: Ich möchte Ihnen nur „gesunde“ Unternehmen empfehlen, die in der Vergangenheit ihre Leistungsfähigkeit unter Beweis gestellt haben. Diese Unternehmen müssen in der Lage sein, viel Geld zu verdienen. Aus diesem Grunde bewerte ich die Entwicklung von Gewinn, Umsatz und Bruttomarge.

Weiterhin untersuche ich den finanziellen „Gesundheitszustand“ der Gesellschaft. Wenn Sie so wollen, suche ich nach versteckten Krankheiten oder „dunklen Punkten“ in der Bilanz, um das Risiko für Sie als Investor so gering wie nur möglich zu halten. Hierzu untersuche ich zusätzliche wichtige fundamentale Kriterien wie die Entwicklung von Verbindlichkeiten, langfristige Schulden, Lagerbestände und Cash.

7.2.1 Das Momentum Trader-Screening-System ist ein Punktesystem

Für jedes untersuchte fundamentale Kriterium erhält das Unternehmen eine klar definierte Zahl von Punkten je nach Höhe des erfüllten Wertes. Maximal kann ein Unternehmen eine Gesamtzahl von 100 Punkten erzielen. Um überhaupt in die engere Wahl der empfehlenswerten Titel zu gelangen, müssen allerdings mindestens 50 Punkte erreicht werden.

Wie Sie später noch sehen werden, muss ein Unternehmen schon überdurchschnittliche fundamentale Kennzahlen aufweisen, um überhaupt einen einzigen Screening-Punkt zu erhalten.

Ein Unternehmen, das die Mindestanforderung von 50 Punkten erfüllt, ist also auch bereits ein überdurchschnittlicher Wachstumswert mit fundamental gesunden Kennziffern.

7.2.2 Die sechs Kategorien des Momentum Trader-Screening-Systems

Das Screening-System ist unterteilt in sechs Bewertungskategorien:

1. Gewinnentwicklung
2. Umsatzentwicklung
3. Verbindlichkeiten
4. Inventar
5. Bruttomarge
6. Cash & Schulden

In jeder Kategorie kann ein Unternehmen Punkte erzielen. Jede Kategorie wurde von mir entsprechend ihrer Bedeutung gewichtet.

7.2.2.1 Gewinnentwicklung

Gewinne sind für die Kursentwicklung eines Unternehmens von vitaler Bedeutung. Dementsprechend hat dieser Bereich für mich höchste Priorität. Ich untersuche die langfristige und die kurzfristige Entwicklung der Gewinne.

Bei der langfristigen Gewinnentwicklung untersuche ich das Wachstum der Gewinne pro Aktie. Den Gewinn pro Aktie ermitteln Sie, indem Sie den Nettogewinn durch die Zahl der umlaufenden Aktien dividieren. Ich untersuche die Wachstumsraten der letzten zwei bis drei Jahre und errechne aus den jährlichen Gewinnwachstumsraten einen Mittelwert.

In dieser Teilkategorie vergebe ich bis zu 10 Punkte.

Bei der kurzfristigen Gewinnentwicklung untersuche ich zwei Punkte:

1. Das durchschnittliche Wachstum des Gewinns pro Aktie in den letzten beiden Quartalen. Mit den letzten beiden Quartalen sind die Zeiträume gemeint, für die das Unternehmen zuletzt vor Empfehlung durch den Momentum Trader Zahlen veröffentlicht hat. Hier können bis zu 20 Punkte erzielt werden.
2. Die Zahl der Quartale, in denen sich das Wachstum des Gewinns pro Aktie beschleunigt hat. In diesem Teilbereich sind maximal 10 Punkte möglich.

In der Kategorie Gewinnentwicklung kann ein Unternehmen insgesamt bis zu 40 Punkte erreichen.

Warum wird die kurzfristige Gewinnentwicklung stärker gewichtet als die langfristige? Studien der größten Kursgewinner haben ergeben, dass die überwiegende Zahl dieser Unternehmen in den Quartalen zuvor ein beschleunigtes und hohes Gewinnwachstum aufwies.

Nachstehend habe ich Ihnen einige Beispiele zusammengestellt, die zeigen, wie sich die Gewinnsituation darstellte, kurz bevor die Aktien zu einem großen Kursaufschwung starteten:

Wal-Mart Stores – Kursgewinn: 7.250%
Beginn des Kursaufschwungs: Juli 1979

durchschnittliches jährliches Gewinnwachstum:	+38,0%
Durchschnitt der letzten beiden Quartale:	+40,5%

Microsoft – Kursgewinn: 5.363%
Beginn des Kursaufschwungs: Januar 1991

durchschnittliches jährliches Gewinnwachstum:	+61,0%
Durchschnitt der letzten beiden Quartale:	+64,0%

Kirby Exploration Co – Kursgewinn: 3.960%
Beginn des Kursaufschwungs: August 1979

durchschnittliches jährliches Gewinnwachstum:	+12,0%
Durchschnitt der letzten beiden Quartale:	+42,0%

Wang Labs Inc Cl B – Kursgewinn: 1.543%
Beginn des Kursaufschwungs: Januar 1978

durchschnittliches jährliches Gewinnwachstum:	+19,0%
Durchschnitt der letzten beiden Quartale:	+63,0%

Waste Management Inc – Kursgewinn: 1.100%
Beginn des Kursaufschwungs: Juli 1976

durchschnittliches jährliches Gewinnwachstum:	+24,0%
Durchschnitt der letzten beiden Quartale:	+28,0%

Ein einzelner starker Gewinnzuwachs ist für sich wenig aussagefähig, da es sich um ein einmaliges Ereignis handeln kann. Bei zwei starken Quartalen zeichnet sich eine Tendenz ab. Betrachte ich noch weitere Quartale zusätzlich, kann ich eine Beschleunigung erkennen.

Beispiel: Ein Unternehmen, das in den letzten vier Quartalen beim Gewinn pro Aktie Wachstumsraten von 10%, 15%, 32% und 52% ausweist, demonstriert, dass sich im Unternehmen etwas tut, etwas „zusammenbraut“. Und dies wird sich mit hoher Wahrscheinlichkeit schon bald auf die Kursentwicklung auswirken.

7.2.2.2 Umsatzentwicklung

Die Umsatzentwicklung hat für mich die zweithöchste Priorität.

Analysen der größten Kursgewinner zeigen, dass die überwiegende Zahl dieser Unternehmen in den Quartalen zuvor ein beschleunigtes und hohes Gewinnwachstum und ein hohes Umsatzwachstum aufwies.

Nachstehend habe ich Ihnen einige Beispiele zusammengestellt, die zeigen, wie sich die Umsatz- und Gewinnsituation darstellte, kurz bevor die Aktien zu einem großen Kursaufschwung starteten:

Biomet Inc – Kursgewinn: 967%
Beginn des Kursaufschwungs: Juli 1988

durchschnittliches jährliches Umsatzwachstum:	+75,3%
durchschnittliches Gewinnwachstum der letzten beiden Quartale:	+63,0%

Microsoft – Kursgewinn: 5.363%
Beginn des Kursaufschwungs: Januar 1991

durchschnittliches jährliches Umsatzwachstum:	+53,5%
durchschnittliches Gewinnwachstum der letzten beiden Quartale:	+64,0%

Ein Unternehmen kann in dieser Kategorie bis zu 20 Punkte erreichen.

7.2.2.3 Verbindlichkeiten

Um einen Gewinn erwirtschaften zu können, muss ein produzierendes Unternehmen erst einmal Gelder aufwenden, um seine Produkte herzustellen: z.B. müssen Rohmaterialien eingekauft werden, Strom muss bezahlt werden, damit Maschinen zur Herstellung betrieben werden können, Löhne und Gehälter für die Mitarbeiter müssen aufgewendet werden, die Ware muss versandt werden usw.

Bis Einnahmen (Umsätze) durch den Verkauf der Produkte erzielt werden können, müssen vom Unternehmen finanzielle Vorleistungen erbracht werden. Diese finanziert ein Unternehmen häufig durch die Aufnahme von Fremdkapital, also kurz- und mittelfristigen Verbindlichkeiten.

Als Verbindlichkeiten bezeichnen wir sämtliche Verpflichtungen eines Unternehmens gegenüber anderen. Hierzu gehören u.a. Verbindlichkeiten gegenüber Kreditinstituten (z.B. Kontokorrentkredite), Verbindlichkeiten aus Lieferungen und Leistungen (Warenschulden), von Kunden geleistete Anzahlungen, Schuldwechsel, Verbindlichkeiten gegenüber verbundenen Unternehmen und sonstige Verbindlichkeiten, aber auch die z.B. aus der Emission einer Anleihe übernommenen Verbindlichkeiten zur Tilgung und Zinszahlung.

Daher wäre ein purer Vergleich der Verbindlichkeiten vom letzten Geschäftsjahr mit denen des Vorjahres wenig aussagekräftig. Je mehr das Unternehmen wächst und je mehr Umsatz es generiert, desto höher ist im Allgemeinen der Bedarf an Verbindlichkeiten.

Keinesfalls möchte ich jedoch eine exzessive Ausweitung der Verbindlichkeiten sehen. Das allgemeine Zinsniveau lag in den vergangenen Jahren auf einem historisch niedrigen Level. Hat ein Unternehmen einen hohen Verschuldungsgrad, wird es in Zeiten steigender bzw. hoher Zinsen sehr ungemütlich. Unternehmen, die sehr stark fremdfinanziert sind, weisen daher ein höheres Risiko für den Investor auf. Zudem mindert eine hohe Verschuldung die Qualität des Unternehmens.

Ich messe deshalb das Wachstum der Verbindlichkeiten und vergleiche es mit dem Wachstum des Umsatzes. So kann ich schnell erkennen, ob hier etwas „aus dem Ruder läuft“.

Ich toleriere ein Wachstum der Verbindlichkeiten, das bis zu dreimal (300%) so groß ist wie das Umsatzwachstum. Für eine über 300% liegende Kennziffer erhält ein Unternehmen daher keine Punkte mehr. Je geringer das Wachstum der Verbindlichkeiten in Relation zum Umsatzwachstum, desto mehr Punkte erzielt ein Unternehmen in meinem Screening-System. In dieser Kategorie kann das untersuchte Unternehmen maximal 10 Punkte erzielen.

7.2.2.4 Inventar

Inventar oder auch Lagerbestand ist in einer Unternehmensbilanz die Summe aus Rohmaterialien sowie unfertigen und fertiggestellten Produkten.

Ein Unternehmen kann die innovativsten Waren produzieren: Aber wenn sie nicht verkauft werden und im Lager vermodern, nützt das Ihnen als Investor herzlich wenig. Denn Rohmaterial und Produkte binden Liquidität, solange sie nicht verkauft sind.

Lagerbestände können ein zweischneidiges Schwert sein: Hinter nicht verkauften Waren verstecken sich nicht realisierte Gewinne. Wenn es sich bei den Waren jedoch um Produkte handelt, die starken Preisschwankungen unterliegen (z.B. Computerteile), erhöht sich das Risiko für Verluste durch Abschreibungen.

Zu geringe Lagerbestände können das Geschäft ebenfalls in Mitleidenschaft ziehen. Dann nämlich, wenn ein Unternehmen einen Verkaufsschlager nicht zügig nachliefern kann: Wenn Kunden ein solches Produkt nicht sofort kaufen können, kaufen sie es bei der Konkurrenz oder aus Verärgerung gar nicht mehr.

Marktführer schlagen ihr Lager gewöhnlich so häufig um wie kein anderes Unternehmen aus der Branche. Eine hohe Umschlaghäufigkeit hat zur Konsequenz, dass das Unternehmen seine Vorratshaltung entsprechend niedrig halten kann.

Dienstleistungsunternehmen wie Finanzgesellschaften, Online-Auktionshäuser oder Softwareproduzenten benötigen keine Rohmaterialien und haben keine Waren im Lager liegen. Entsprechend wird hier keine Liquidität gebunden; diese steht also der Firma für Investitionszwecke zur Verfügung.

Je geringer also die Lagerbestände sind, desto mehr Liquidität kann in anderen Unternehmensbereichen eingesetzt werden. Verkauft ein Unternehmen mehr, macht also höhere Umsätze, steigen selbstverständlich auch die Lagerbestände mit an. Ich achte daher darauf, dass die Lagerbestände nicht schneller als der Umsatz wachsen. Falls dies doch der Fall ist, deutet es darauf hin, dass das Unternehmen unwirtschaftlich produziert.

In dieser Kategorie kann das untersuchte Unternehmen maximal 10 Punkte erzielen.

7.2.2.5 Bruttomarge

Die Bruttomarge ist die Differenz zwischen dem Verkaufswert einer Ware oder Dienstleistung und den Kosten, die zu deren Produktion anfallen. Sie stellt den prozentualen Anteil des Umsatzes dar, der nach Abzug der Herstellkosten verbleibt.

Ist die Bruttomarge nicht intakt, dann ist das Produkt oder die Dienstleistung dem Kunden zu wenig wert, oder die Herstellkosten sind zu hoch.

Die Bruttomarge hilft also, zu beurteilen, wie kosteneffizient ein Unternehmen produziert und ob die Produkte preismäßig gut am Markt platziert sind. Eine hohe Bruttomarge ist ein Zeichen dafür, dass ein Unternehmen effizient produziert und seine Produkte einträglich gepreist sind.

In dieser Kategorie kann das Unternehmen bis zu 10 Punkte erreichen.

7.2.2.6 Cash & Schulden

Für den Analysten ist der Cashflow eines Unternehmens ein wichtiges Messinstrument für die Bewertung einer Aktie: Denn die Liquiditätsrechnung einer Gesellschaft lässt sich nicht durch Bilanzierungstricks manipulieren. Für junge Unternehmen ist der Cashflow ebenfalls eine wichtige Größe, denn das finanzielle Polster kann ihm das Überleben sichern.

Was ist denn eigentlich Cashflow?

Wenn ein Unternehmen seine Produkte/Dienstleistungen verkauft, erhält es dafür Geld. Muss das Unternehmen Büromaterial anschaffen oder eine seiner Fabriken renovieren, gibt es dafür Geld aus. Die Summe all' dieser Transaktionen bezeichnen wir als Cashflow. Ein hoher Cashflow zeigt also an, ob ein Unternehmen gut wirtschaften kann. Es signalisiert auch, ob die Gesellschaft ausreichend Liquidität hat, um Investitionen zu tätigen (z.B. Aufbau neuer Filialen, Personal), die im Endeffekt wiederum dem eigenen Ergebnis zugute kommen. Der Cashflow wird in der Jahresbilanz ausgewiesen.

Wachsende Unternehmen brauchen Geld zum Investieren. Manche benötigen wenig (z.B. Dienstleistungsunternehmen), manche etwas mehr (z.B. Öl-Explorationsfirmen, Telekommunikationsfirmen). Oder sie benötigen einfach nur viel Liquidität (z.B. Banken).

Unter Schulden verstehen wir langfristige Verbindlichkeiten, also beispielsweise Kredite, Anleihen, Finanzierungen mit festen Laufzeiten über mehrere Jahre und Rückzahlungsvereinbarungen. Schulden macht ein Unternehmen gewöhnlich, um langfristige Investitionen zu finanzieren (z. B. Bau einer neuen Produktionsstätte, Übernahme eines fremden Unternehmens). Schulden sind mitunter notwendig, aber ein hoher Schuldenstand belastet auch das Geschäft: Schließlich müssen zur Bedienung der Kredite/Anleihen jährlich Zinsen gezahlt werden und zu irgendeinem Zeitpunkt in der Zukunft natürlich auch die Schulden wieder zurückgezahlt werden. Je weniger langfristige Schulden ein Unternehmen hat, umso geringer ist das Risiko für den Aktionär.

Für den Momentum Trader setze ich daher den Cashflow eines Unternehmens in Relation zu seinen Schulden, denn ich suche nach Firmen, die deutlich mehr

Cash generieren als sie Schulden machen. Um zu dieser Kennziffer zu gelangen, dividiere ich den Cashflow durch die Schulden. Ist der Cashflow größer als die Schulden, ist das Ergebnis größer 1; sind die Schulden höher, ist das Ergebnis kleiner 1.

Je geringer also der Anteil der Schulden in Relation zum Cash ist, umso finanziell gesünder steht das Unternehmen da.

In dieser Kategorie sind bis zu 10 Punkte möglich.

7.3 Das Screening-System: Gewinnentwicklung

Mit dem von mir entwickelten Momentum Trader-Screening-System nehme ich zuerst die Gewinnentwicklung des Unternehmens unter die Lupe. Dabei achte ich auf die langfristige und im zweiten Schritt auf die kurzfristige Entwicklung.

7.3.1 Screen 1: Langfristige Gewinnentwicklung

Zu allererst möchte ich sehen, dass ein Unternehmen in der Vergangenheit bewiesen hat, dass es mit seiner Geschäftstätigkeit Geld verdient. Daher schaue ich IMMER zuerst auf die langfristige Gewinnentwicklung. Langfristige Gewinnentwicklung heißt: Untersuchung der Wachstumsraten der letzten zwei bis drei Jahre. Dabei wird aus den drei jährlichen Gewinnwachstumsraten ein Mittelwert berechnet.

Um auch Unternehmen eine Chance zu geben, die für das erste Jahr des untersuchten Drei-Jahres-Zeitraumes einen Verlust ausweisen, kann sich in diesem Fall die Berechnung der durchschnittlichen Wachstumsrate ausnahmsweise auf die letzten zwei Jahre beschränken. Die durchschnittliche Wachstumsrate muss mindestens 5 bis 10% betragen.

Unternehmen veröffentlichen viermal im Jahr eine Gewinn- und Verlustrechnung: für jedes Quartal eine. Aber nur mit dem vierten Quartal des Geschäftsjahres erfolgt zugleich auch eine Gewinn- und Verlustrechnung für das Gesamtjahr.

Um dennoch zu jedem Zeitpunkt des Geschäftsjahres eine durchschnittliche Wachstumsrate ermitteln zu können, werden immer die Ergebnisse der letzten vier Quartale zusammengefasst. Wurde beispielsweise zuletzt der Bericht für das III. Quartal 2004 veröffentlicht, so werden die Gewinne pro Aktie für die Quartale IV. 2003, I. 2004, II. 2004 und III. 2004 addiert und mit der Summe der Gewinne pro Aktie der Quartale IV. 2002, I. 2003, II. 2003 und III. 2003 verglichen. Ein entsprechender Vergleich erfolgt für die Vorjahre.

Gewinnentwicklung						
Durchschn. Gewinnwachstum letzte 2 bis 3 Jahre	>25%	20-25%	15-20%	10-15%	5-10%	
	10	8	6	4	2	Punkte

Ein Blick auf das Bewertungsschema zeigt, dass nur Unternehmen mit einer durchschnittlichen Wachstumsrate von 25% und mehr die Höchstpunktzahl von 10 erhalten. Eine solche Wachstumsrate über einen derart langen Zeitraum erreichen nur echte Top-Wachstumsunternehmen. Sie sehen, ich lege hier sehr strenge Maßstäbe an, um die wirklich besten Wachstumsunternehmen auszusortieren.

7.3.2 Screen 2: Kurzfristige Gewinnentwicklung

Kurzfristige Gewinnentwicklung bedeutet Betrachtung der Gewinnwachstumsraten auf Quartalsbasis. US-Unternehmen sind von der US-Börsenaufsicht SEC (Security Exchange Commission) unter anderem dazu verpflichtet, dreimonatlich Bericht über die Entwicklung ihrer Finanzsituation zu erstatten.

Dies ist ein wesentlicher Grund, weshalb sich der Momentum Trader auf US-Aktien fokussiert. In Deutschland werden beispielsweise nur die Unternehmen des sogenannten „Prime Standard“ dazu angehalten, Quartalsberichte zu veröffentlichen. Zum Prime Standard gehören die in den Indizes DAX (30 Gesellschaften), MDAX (50), SDAX (50) und TecDAX (30) enthaltenen Unternehmen sowie rund 240 weitere Unternehmen. (Prime und General Standard sind zwei Börsenzulassungssegmente, die Anfang 2003 von der Deutschen Börse AG an der Frankfurter Wertpapierbörse geschaffen wurden, um eine einheitliche öffentlich-rechtliche Börsenordnung zu schaffen.)

Der Börsenbuch-Autor William J. O’Neil verfügt über eine mehr als 40-jährige Börsenerfahrung. Er ist der Begründer des US-weit vertriebenen Informationsmediums „Investor’s Business Daily“. O’Neil schrieb unter anderem den Bestseller „How to make Money in Stocks“, der in Deutschland unter dem Titel „Wall Street für Anleger“ erschien.

In diesem Buch verweist er auf eine Studie, in der er die 600 besten US-Aktien zwischen 1952 und 2001 untersucht hat: 75% der von ihm untersuchten Aktien wiesen in dem aktuellen Quartal, bevor sie zu einem spektakulären Höhenflug ansetzten, eine Gewinnsteigerung vDiese Ergebnisse veranlassten mich, für das Screening-System des Momentum Traders einen ähnlichen Filter einzubauen.

Ich untersuche die jeweils letzten beiden Quartale vor einer Empfehlung. Unternehmen aus dem Konsumbereich tätigen im Weihnachtsgeschäft fast immer die größten Umsätze und erzielen entsprechend im IV. Quartal die höchsten Gewinne. Um solche saisonalen Ungleichgewichte auszuklammern, vergleiche ich ein Quartal immer mit dem entsprechenden Vorjahresquartal, also das I. Quartal 2004 mit dem I. Quartal 2003, das II. Quartal 2004 mit dem II. Quartal 2003 usw. Ich vergleiche also immer saisonal gleiche Quartale miteinander.

Auf diese Weise ermittle ich die Wachstumsraten des Gewinns pro Aktie und errechne daraus den Mittelwert.

Gewinnentwicklung						
Durchschn. Gewinnwachstum letzte 2 Quartale	>45%	40-45%	35-40%	30-35%	25-30%	
	20	15	10	8	5	Punkte

Wenn Sie nun auf das Bewertungsschema schauen, erkennen Sie, dass ein Unternehmen selbst mit einer vorzüglichen Wachstumsrate von 25% im Durchschnitt zweier Quartale nur 5 Punkte erhält. Sie sehen, ich lege auch hier strenge Maßstäbe an, die nur absolute Top-Wachstumsunternehmen erfüllen. Denn um die höchste Punktzahl von 20 zugesprochen zu bekommen, muss unser Wachstumswert seinen Gewinn pro Aktie schon um mehr als 45% im Durchschnitt der beiden jüngsten Quartale verbessert haben!

7.3.3 Screen 3: Beschleunigtes Wachstum

Hohe durchschnittliche Wachstumsraten für die letzten zwei Quartale reichen mir nicht: Ich möchte zusätzlich eine Dynamik in der Weise sehen, dass sich die Zuwächse der letzten Quartale beschleunigen. Denn echte Wachstumswerte verfügen über ein hohes kurz- und langfristiges Gewinnwachstum und eine beschleunigte Entwicklung in den jüngeren Quartalen. Eine solche Beschleunigung erhöht die Wahrscheinlichkeit, dass unsere Wachstumsaktie sich zu einer echten Kursrakete entwickelt.

Wie beim Screen 2 vergleiche ich ein Quartal immer mit dem entsprechenden Vorjahresquartal. Dann zähle ich alle Quartale, in denen das Wachstum höher liegt als im vorhergehenden Quartal.

Die Beispieltabelle der Coach Inc zeigt, wie es gemacht wird: Vom II. Quartal 2002 an lag die Wachstumsrate jeweils höher als im vorhergehenden Quartal (grau unterlegte Felder). Dies sind insgesamt 4 Quartale in Folge mit beschleunigtem Wachstum. Coach erhielte dafür 8 Punkte (siehe Ausschnitt Screening-Tabelle beschleunigtes Wachstum in den letzten X Quartalen):

Coach Inc

Quartal	GpA	Wachstumsrate
I. 2002	0,07	53%
II. 2002	0,24	4%
III. 2002	0,06	37%
IV. 2002	0,10	74%
I. 2003	0,12	77%

Gewinnentwicklung						
Beschleunigtes Wachstum in wie viel Quartalen	5 und mehr	4 Quartale	3 Quartale	2 Quartale	1 Quartal	
	10	8	6	4	2	Punkte

7.4 Die Umsatzentwicklung

In der zweiten Kategorie des Momentum Trader-Screening-Systems durchleuchte ich die Umsatzentwicklung des Unternehmens. Dabei achte ich auf die langfristige und die kurzfristige Entwicklung.

7.4.1 Screen 4: Langfristige Umsatzentwicklung

Ein Unternehmen erzielt nur dann Gewinne, wenn es seine Produkte oder Dienstleistungen verkauft. Diese Verkäufe schlagen sich in den Umsatzzahlen nieder. Ich möchte sehen, dass sich die Produkte des Unternehmens auch in der Vergangenheit bereits gut verkauft haben. Daher schaue ich zuerst auf die langfristige Umsatzentwicklung. Langfristige Umsatzentwicklung heißt: Untersuchung der Wachstumsraten der letzten drei Jahre. Dabei wird aus den drei jährlichen Umsatzwachstumsraten ein Mittelwert errechnet.

Um auch Unternehmen eine Chance zu geben, die für das erste Jahr des untersuchten Drei-Jahres-Zeitraumes einen Umsatzrückgang ausweisen, kann sich in diesem Fall die Berechnung der durchschnittlichen Wachstumsrate ausnahmsweise auf die letzten zwei Jahre beschränken. Die durchschnittliche Wachstumsrate muss mindestens 5 bis 10% betragen.

Unternehmen veröffentlichen viermal im Jahr eine Gewinn- und Verlustrechnung: für jedes Quartal eine. Aber nur mit dem vierten Quartal des Geschäftsjahres erfolgt zugleich auch eine Gewinn- und Verlustrechnung für das Gesamtjahr.

Um dennoch zu jedem Zeitpunkt des Geschäftsjahres eine durchschnittliche Wachstumsrate ermitteln zu können, werden immer die Ergebnisse der letzten vier Quartale zusammengefasst. Wurde beispielsweise zuletzt der Bericht für das III. Quartal 2004 veröffentlicht, so werden die Gewinne pro Aktie für die Quartale IV. 2003, I. 2004, II. 2004 und III. 2004 addiert und mit der Summe der Gewinne pro Aktie der Quartale IV. 2002, I. 2003, II. 2003 und III. 2003 verglichen. Ein entsprechender Vergleich erfolgt für die Vorjahre.

Umsatzentwicklung						
Durchschn. Umsatzwachstum letzte 2-3 Jahre	>25%	20-25%	15-20%	10-15%	5-10%	
	10	8	6	4	2	Punkte

Ein Blick auf das Bewertungsschema zeigt, dass nur Unternehmen mit einer durchschnittlichen Wachstumsrate von 25% und mehr die Höchstpunktzahl von 10 erhalten. Eine solche Wachstumsrate über einen derart langen Zeitraum erreichen nur echte Top-Wachstumsunternehmen. Sie sehen, ich lege hier sehr strenge Maßstäbe an, um die wirklich besten Wachstumsunternehmen auszusortieren.

7.4.2 Screen 5: Kurzfristige Umsatzentwicklung

Kurzfristige Umsatzentwicklung bedeutet Betrachtung des Umsatzwachstums im aktuellen Quartal. Aktuelles Quartal ist immer das Quartal, zu dem zum Zeitpunkt der Empfehlung vom Unternehmen veröffentlichte Daten vorliegen.

Um saisonale Ungleichgewichte auszuschalten, vergleiche ich das Quartal immer mit dem entsprechenden Vorjahresquartal, also das I. Quartal 2004 mit dem I. Quartal 2003, das II. Quartal 2004 mit dem II. Quartal 2003 usw. Ich vergleiche also immer die gleichen Quartale zweier Geschäftsjahre miteinander.

Auf diese Weise ermittle ich die Wachstumsrate des Umsatzes.

Umsatzentwicklung						
Umsatzwachstum letztes Quartal	>25%	20-25%	15-20%	10-15%	5-10%	
	10	8	6	4	2	Punkte

Wie das Bewertungsschema zeigt, erhält ein Unternehmen erst dann Punkte im Screening-System, wenn die Wachstumsrate mindestens 5% erreicht. Um die höchste Punktzahl von 10 zu erhalten, muss unser Wachstumswert seinen Umsatz im aktuellen Quartal um mehr als 25% gesteigert haben!

7.5 Die Entwicklung der Verbindlichkeiten

Um einen Gewinn erwirtschaften zu können, muss ein Unternehmen die Bereitstellung seiner Dienstleistungen vorfinanzieren. Dies geschieht in aller Regel durch die Aufnahme kurz- und mittelfristiger Verbindlichkeiten.

7.5.1. Screen 6: Wachstum der Verbindlichkeiten im Verhältnis zum Umsatzwachstum

Der reine Vergleich des aktuellen Volumens der Verbindlichkeiten gegenüber dem Vorjahr hätte wenig Aussagekraft. Wenn ein Unternehmen wächst und dadurch mehr Umsatz generiert, steigen fast immer auch die Verbindlichkeiten mit an. Um eine überproportional starkes Wachstum der Verbindlichkeiten erkennen zu können, messe ich deshalb das Wachstum der Verbindlichkeiten und vergleiche es mit dem Wachstum des Umsatzes.

EON Labs			
Kenndaten	2002	2003	Veränderung
Umsatz	244.269	329.538	34,9%
Verbindlichkeiten	64.289	102.838	60,0%
Angaben in Millionen $			

Beispiel: EON Labs steigerte den Umsatz im Jahr 2003 gegenüber dem Vorjahr um 34,9%. Die Verbindlichkeiten erhöhten sich in diesem Zeitraum um 60,0%.

Dividiere ich nun das Wachstum der Verbindlichkeiten durch das Umsatzwachstum, also 60% dividiert durch 34,9%, so erhalte ich als Ergebnis 171,8%. Dies bedeutet, dass die Verbindlichkeiten von EON Labs im Geschäftsjahr 2003 um rund 72% schneller gewachsen sind als die Umsätze. Ausschnitt Screening-Tabelle: Wachstum der Verbindlichkeiten in Relation zum Umsatzwachstum

Verbindlichkeiten						
Wachstum Verbindlichkeiten/Umsatzwachstum	<125%	<165%	<200%	<300%	>300%	
	10	8	6	4	2	Punkte

Für diese Kennziffer erhält EON Labs innerhalb meines Screening-Systems 6 Punkte: Es ist größer als 165% und geringer als 200%.

7.6 Die Entwicklung der Lagerbestände

Die Summe aus Rohmaterialien sowie unfertigen und fertiggestellten Produkten bezeichnen wir als Inventar oder Lagerbestand.

Echte Wachstumsunternehmen schlagen ihr Lager für gewöhnlich recht häufig um. Eine hohe Umschlaghäufigkeit hat zur Konsequenz, dass das Unternehmen seine Vorratshaltung entsprechend auf niedrigem Niveau halten kann und sich die Einnahmeströme kontinuierlich gestalten.

7.6.1 Screen 7: Wachstum der Lagerbestände im Verhältnis zum Umsatzwachstum

Je geringer die Lagerbestände sind, desto mehr Liquidität kann in anderen Unternehmensbereichen eingesetzt werden. Wachsen die Lagerbestände nur bis zu 25% schneller als der Umsatz, so ist dies eine exzellente Relation, für die das Unternehmen die höchste Punktzahl bekommt.

Beispiel: Forest Labs steigerte den Umsatz im Jahr 2003 gegenüber dem Vorjahr um 40,9%. Das Inventar erhöhte sich in diesem Zeitraum um 30,1%, wuchs also weniger stark als der Umsatz.

Forest Labs			
Kenndaten	**2002**	**2003**	**Veränderung**
Umsatz	1.566.626	2.206.706	40,9%
Lagerbestände/ Inventar	348.215	452.886	30,1%
Angaben in Millionen $			

Inventar						
Wachstum Inventar / Umsatzwachstum	<125%	<165%	<200%	<300%	>300%	
	10	8	6	4	2	Punkte

Dividiere ich nun das Wachstum der Lagerbestände durch das Umsatzwachstum, also 40,9% dividiert durch 30,1%, so erhalte ich als Ergebnis 73,6%. Dies bedeutet, dass die Lagerbestände von Forest Labs im Geschäftsjahr 2003 um rund 26% langsamer gewachsen sind als die Umsätze.

7.7 Die Bruttomarge

Anhand der Bruttomarge können Sie beurteilen, wie kosteneffizient ein Unternehmen produziert und ob seine Produkte preislich gut kalkuliert sind.

7.7.1 Screen 8: Höhe der Bruttomarge

Um die Bruttomarge zu errechnen, benötigen Sie den Umsatz und das Bruttoergebnis des zu untersuchenden Zeitraums. Das Bruttoergebnis erhalten Sie, wenn Sie alle Kosten, die zur Herstellung der Produkte oder Dienstleistungen nötig sind, vom Umsatz subtrahieren. Die Bruttomarge errechnen Sie anschließend mit der nachstehenden Formel:

$$Bruttomarge = \frac{Bruttoergebnis \times 100}{Umsatz}$$

Coach Inc		
Kennziffer	**2003**	**2004**
Umsatz	953.226	982.961
Bruttoergebnis	677.429	730.569
Bruttomarge	71,1%	74,3%
Angaben in Millionen $		

Beispiel: Coach erzielte in 2003 ein Bruttoergebnis von 677.429 Millionen $. Daraus errechnete sich eine Bruttomarge von 71,1%. Für 2004 ermitteln wir eine Bruttomarge von 74,3%.

Bruttomarge						
	>60%, steigt an, ist stetig oder nicht mehr als 5% gefallen	>50%, steigt an oder ist stetig	>60% und mehr als 5% gefallen	>50% und fällt	>45%, steigt an oder ist stetig	<45%
	10	8	6	4	2	0

Damit genügt Coach in unserer Screening-Tabelle höchsten Ansprüchen: Die Bruttomarge lag über 60% und war gegenüber 2003 gestiegen. Dafür erhält Coach die maximale Quote von 10 Punkten.

7.8 Die Entwicklung von Cashflow und langfristigen Schulden

Für den Momentum Trader suche ich nach Firmen, die deutlich mehr Cash generieren als sie Schulden machen. Deshalb setze ich den Cashflow eines Unternehmens in Relation zu seinen Schulden.

7.8.1 Screen 9: Relation Cash zu langfristigen Schulden

Um diese Kennziffer zu ermitteln, dividiere ich den Cashflow durch die Schulden. Ist der Cashflow größer als die Schulden, muss das Ergebnis größer als 1 sein. Sind die Schulden höher als der Cashflow, muss das Ergebnis kleiner als 1 sein.

Je geringer also der Anteil der Schulden in Relation zum Cash ist, umso finanziell gesünder steht das Unternehmen da.

EON Labs	
Kenndaten	**2002**
Cash	62.323
Schulden	4.530
Cash/Schulden	13,8
Angaben in Millionen $	

Beispiel: EON Labs erzielte im Jahr 2002 einen Cashflow von 62,3 Millionen $. Die Schulden betrugen in diesem Zeitraum 4,5 Millionen $. Dividiere ich nun den Cashflow durch die Schulden, so erhalte ich die Relation 13,8. Das bedeutet, dass EON Labs mit seinen Cash-Beständen 14mal die langfristigen Schulden abdeckt. Das ist eine hervorragendes Verhältnis.

Cash/Schulden						
Verhältnis Cash/Schulden	keine Schulden	>10	>7	>5	<5	
	10	8	6	4	2	Punkte

Für diese Relation erhält EON Labs die zweithöchste Punktzahl, nämlich 8.

8 Warum die aktuelle Marktrichtung für Sie wichtig ist

Nachdem wir mithilfe des Momentum Trader-Screening-Systems einige sehr vielversprechende Wachstumswerte aufgespürt haben, können wir nun umgehend kaufen. Oder etwa nicht? Erinnern Sie sich an unser Beispiel mit dem Surfen?

Ich hatte Ihnen gesagt: Investieren ist wie Wellenreiten. Das Surfbrett – also unsere Wachstumswerte – haben wir. Nun gilt es, die „richtige" Welle zu erwischen, damit unser Wellenritt optimal wird. Dazu sollte der richtige Wind wehen. Mit Wind ist in diesem Fall die allgemeine Marktrichtung gemeint: Sie sollte aufwärts gerichtet sein.

Die Börse verhält sich wie Ebbe und Flut: Es gibt Phasen, in denen die Kurse nach und nach aufwärts streben. Sie wechseln sich mit Phasen ab, in denen die Kurse sinken. Die Technische Analyse spricht hierbei von Trends.

Marktexperten haben herausgefunden, dass sich in Auf- und Abwärtstrends rund 75% aller Aktien mit dem Markt bewegen. Deshalb ist es erforderlich, den Trend des Gesamtmarktes bestimmen zu können.

Der Momentum Trader nimmt Ihnen diese Aufgabe ab und wird Sie – falls erforderlich – auf Richtungswechsel im Markttrend aufmerksam machen.

9 Momentum: das perfekte Timing

Man muss nicht so billig wie möglich kaufen.
Man muss zum richtigen Zeitpunkt kaufen.
Jesse Livermore, Spekulant

Wir suchen fundamental gesunde Aktien, die aufgrund ihres starken Wachstums ein hohes Kurspotenzial besitzen. Solche Kurschancen kann eine Aktie nur dann realisieren, wenn sie dauerhaft auf neue Rekordniveaus klettert.

Deshalb konzentrierte ich meine Suche auf Aktien mit einem solchen Momentum – Aktien, die neue Allzeithochs bzw. 52-Wochen-Hochs markierten.

Dabei stellte ich fest, dass Aktien, die ein 52-Wochen-Hoch erreichten, sich noch weitaus besser entwickelten, wenn diesem Kursanstieg über viele Wochen die Ausbildung einer Basis vorausging. Als Basis (oder auch Korrekturphase) bezeichnet man in der Technischen Analyse eine leicht abwärts gerichtete Seitwärtsbewegung. Diese Basisbildung trifft man besonders häufig bei Aktien an, die zuvor eine stärkere Aufwärtsbewegung hinter sich brachten.

Ich vergleiche es immer gerne mit einem Menschen, der über eine längere Strecke rennt: Er braucht hin und wieder eine Verschnaufpause, um wieder zu Atem zu kommen oder um Seitenstiche abklingen zu lassen. Er entspannt sich und schöpft so in dieser Phase neue Kraft, um seinen Lauf anschließend fortzusetzen.

9.1 Die Funktion der Technischen Analyse beim Momentum Trader

Um die Bildung solcher Basen nachvollziehen zu können, nutze ich Charts, also die grafische Darstellung von Aktienkursverläufen. Charts sind vergleichbar mit der Computer-Tomographie, dem Ultraschallbild oder dem Röntgenbild, das der Arzt von seinen Patienten anfertigt, um festzustellen, in welchem Zustand er sich befindet.

Charts bilden ausschließlich die Fakten einer Aktie ab: Das Ergebnis des börsentäglichen Zusammenspiels von Angebot und Nachfrage – die Kurse und Umsätze. Beide sind objektiv – denn die kursbildenden, oft subjektiven Meinungen der Marktteilnehmer haben sich ja in den Kursen bereits niedergeschlagen.

Viele der größten Kursgewinner starteten ihren Anstieg aus besonders geformten Basen (Formationen) heraus, die Sie mithilfe der Technischen Analyse (Chartanalyse) auf einem Aktienchart sehr gut erkennen können.

9.1.1 Charts sind doch nur fauler Zauber! Oder nicht?

Ich möchte Sie an diesem Punkt an etwas erinnern, was ich Ihnen in Kapitel 3.1.5 „Vertrauen in die eigene Strategie und Fähigkeiten“ sagte:

„Gleichgültig was Sie arbeiten oder tun: Wenn Sie einen Job erfolgreich tun wollen, dann müssen Sie verstehen, was Sie tun, und Sie müssen Vertrauen darin haben. Das ist beim Investieren in Aktien nicht anders. Wenn Sie Ihrer Strategie und Ihren Fähigkeiten voll vertrauen, werden Sie keine Zweifel haben, wenn Sie in eine Aktie investieren.“

Die Furcht vor etwas Unbekanntem kann beim Investieren in Aktien eine unüberwindliche Hürde sein. Möglicherweise haben Sie bisher nicht mit Charts gearbeitet. Vielleicht haben Sie bislang sogar Charts in Grund und Boden verdammt – als Hokuspokus oder esoterischen Kram bezeichnet, den man so oder so interpretieren kann.

Aber haben Sie schon einmal darüber nachgedacht, warum Sie so auf Charts reagieren? Ist es nicht vielleicht so, dass Sie sich mit Technischer Analyse bisher einfach nur nicht auskannten?

Außerdem müssen Sie nicht alles von A-Z über die Technische Analyse wissen. Aber Sie sollten wenigstens mit dem vertraut sein, was der Momentum Trader in seiner Strategie nutzt. Warum?

Weil die Teilaspekte der Technischen Analyse, die ich für den Momentum Trader nutze, funktionieren. Basen funktionieren. Sie haben immer funktioniert und werden dies auch künftig tun. In den USA genauso wie auf allen anderen Märkten auch. Und deshalb können Sie diese Erkenntnisse auch auf Ihre anderen Strategien übertragen.

Basen funktionieren deshalb, weil sie mit dem Auf und Ab der Märkte entstehen. Auch die absoluten Superstars an der Börse klettern nicht ewig im Kurs. Wenn die Märkte eine Pause einlegen und korrigieren, tut dies auch die Mehrheit der Aktien.

In jeder Basis steckt eine Menge Psychologie. Sobald eine Aktie eine Korrektur von ihrem letzten Hochpunkt beginnt, profitieren die Verkäufer von der Gier der Investoren: Viele, die den bisherigen Kursanstieg mit angesehen, aber nicht mitgemacht haben, träumen von weiteren Kursgewinnen und sind bereit, noch einzusteigen.

Korrekturen kommen häufig auf dem Niveau einer 50- oder 200-Tage-Linie zum Erliegen. Wenn die linke Seite der Basis hier einen Boden findet, kaufen sich zumeist die professionellen Geldmanager großer Vermögen in diese Aktien ein. Sie profitieren jetzt von der Panik der bislang investierten Aktionäre, die mit ansehen mussten, wie ihre Aktie 15, 20, 25 oder 30% an Wert verliert.

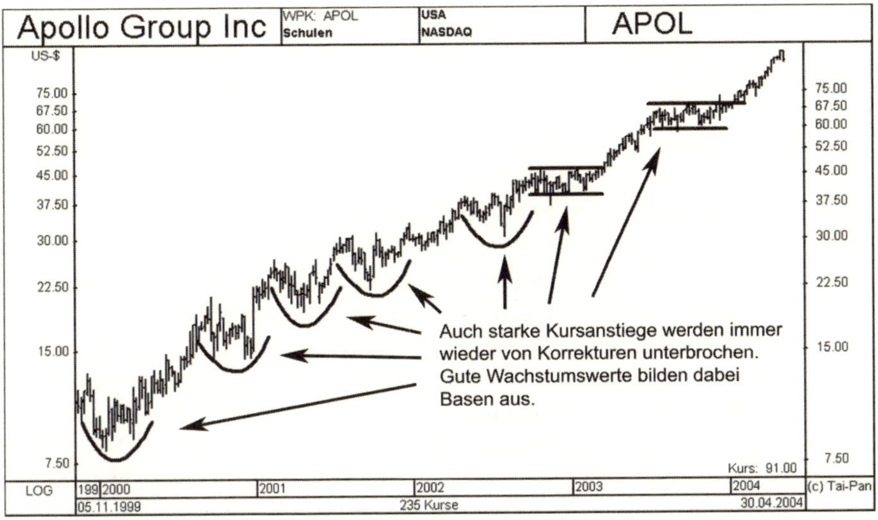

An diesem Punkt wissen weder Sie noch ich, ob diese Korrektur sich zu einer Basis entwickelt, und wenn, ob sich eine Tasse mit Henkel, eine Tasse oder eine W-Formation ausbildet. Aber wenn sich die rechte Seite einer Basis bildet, dann verflüchtigt sich auch der Pessimismus der Aktionäre mehr und mehr.

Die Endphase einer Basis schüttelt die letzten „schwachen Hände" aus der Aktie. Bei der Tasse mit Henkel geschieht dies im Henkel. Sobald auch diese letzten ungeduldigen Investoren aus dem Spiel sind, besitzt die Aktie die größte Wahrscheinlichkeit, den „Punkt des geringsten Widerstandes", den Angelpunkt zu überwinden. Und an diesem Punkt beginnen die institutionellen Investoren erneut in großem Stil einzukaufen – sie kennen die Funktionsweise von Basen und beherrschen das „Timing".

Wenn Sie bereit sind, dieser Funktionsweise zu vertrauen, werden Sie solche Basen in praktisch allen großen Kursgewinnern der Geschichte wiederfinden, egal wie weit Sie in die Vergangenheit zurück gehen. Und die wirklich großen Kursgewinner bilden Basen nicht nur einmal, sondern mehrfach.

9.2 Welche Formationen eignen sich für die Momentum Trader-Strategie?

Bei meiner Untersuchung solcher großen Kursgewinner stieß ich immer wieder auf vier Formationen, die nach Erfüllung bestimmter Bedingungen besonders lukrative Kursgewinne zeitigten:

- Tasse mit Henkel
- Tasse
- W-Formation
- Flachbasis

9.2.1 Die Tassenformation mit Henkel

Diese Formation hat ihren Namen aus der Tatsache bezogen, dass das Kursbild stark an die Form einer Tasse mit Henkel erinnert, die man von der Seite sieht.

Warum hat die Tasse mit Henkel eine so hohe Bedeutung? Die Tasse mit Henkel ist letztlich nur das auf dem Chart hinterlassene Muster einer ganz bestimmten Entwicklung von Angebot und Nachfrage. Es ist nicht so sehr die Form, sondern die Art und Weise des Wechselspiels zwischen Angebot und Nachfrage innerhalb der Formation, die beinahe regelmäßig zu dem Ergebnis führt, die der Momentum Trader für seine Empfehlungen erwartet: Kaufsignale, die bei äußerst geringem Rückschlagrisiko überwiegend hervorragende Kursanstiege prognostizieren.

9.2.1.1 Wie entsteht eine Tasse?

Die Ausbildung einer Tasse sollte mindestens sieben Wochen umfassen, kann aber im Extrem durchaus auch bis zu 65 Wochen andauern. Die durchschnittliche Dauer einer Tassenbildung liegt zwischen drei und sechs Monaten. Der Tassenbildung sollte weiterhin eine Aufwärtsbewegung vorausgehen, in der die Aktie mindestens 30% im Kurs zugelegt hat.

Nach einer solch starken Aufwärtsbewegung hat sich eine Aktie eine „Pause" verdient. Die Aufwärtsbewegung kommt an Punkt 1 (Ausgangspunkt der Basis) zum Erliegen, die Kurse driften nach unten. Nach einiger Zeit verlangsamt sich die Abwärtsbewegung, kommt zum Stillstand (Punkt 2), und ganz allmählich streben die Kurse wieder nach oben (von Punkt 2 nach Punkt 3), bis sie wieder das Niveau des Ausgangspunktes der Basis (Punkt 1) erreichen.

Die „Spuren", die die Kurse dabei auf dem Chart hinterlassen, sollten einem „U" gleichen (Punkte 1,2,3) (vgl. „Mustertasse auf der folgenden Seite).

Der Punkt 3 wird in der Charttechnik auch als „Angelpunkt" oder Pivotpunkt bezeichnet. Er markiert den „Punkt des geringsten Widerstandes". Das bedeutet, dass ab diesem Niveau eine hohe Wahrscheinlichkeit dafür besteht, dass die Aktie noch deutlich weiter ansteigt.

Anschließend tendieren die Kurse leicht seitwärts abwärts: Auf dem Chart entsteht der Henkel (Punkte 3,4).

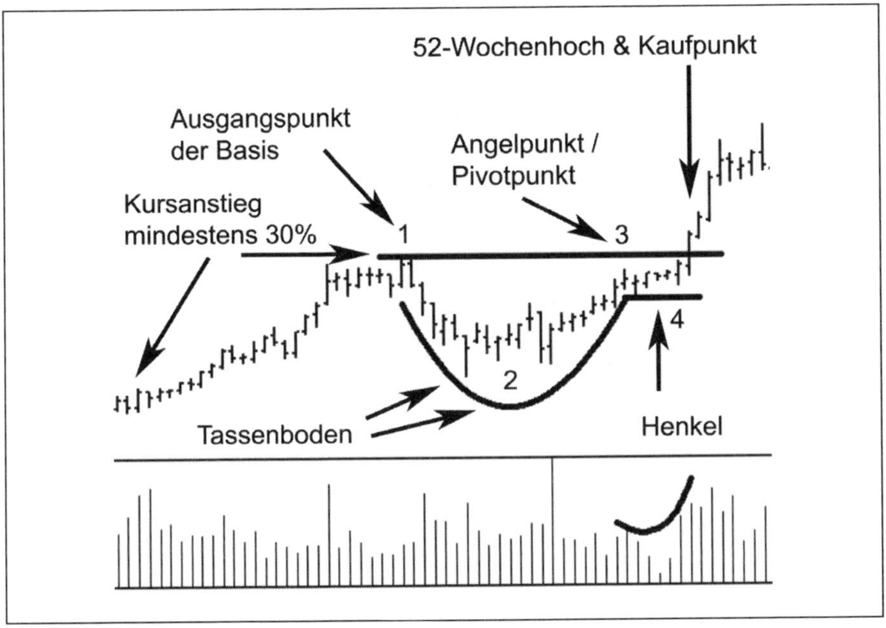

Übrigens: Die obige Mustertasse ist keine Fiktion. Es ist die Formation, aus der Microsoft im Januar 1991 ausbrach und zu einem Höhenflug ansetzte, der erst nach 5.363% Kursgewinn endete.

9.2.1.2 Die Tasse: Stabile Bodenlage

Die Korrektur, die durch die Tasse repräsentiert wird, sollte 20 bis 30% betragen, gemessen vom absoluten Höchststand, den die Aktie zuvor erreicht hat. Während einer Baissephase des Gesamtmarktes können es durchaus auch bis zu 50% werden.

Der Boden dieser Tasse sollte breit und gerundet erscheinen, nicht eng wie ein „V“. Die Zeit, die sich die Aktie hierfür nimmt, ist Indiz für die Wandlung, die unter den Marktteilnehmern vor sich geht: Während dieser Bodenbildung kann es im Bereich der Tiefpunkte durchaus zu einigen kleineren Schwächephasen kommen. Solche Schwächephasen können Sie als gutes Indiz werten: Es macht deutlich, dass die letzten Zweifler an der Aktie diese in einer Art Panik abstoßen. Anders herum gesagt: Wer die Aktie jetzt noch hält, ist absolut überzeugt von ihr und wird sie in der bevorstehenden Aufwärtsbewegung nicht abgeben.

Wenn Höchst- und Tiefstand einer Woche eng beieinander liegen, dann erscheint das Kursbild straff und fest. Je geringer die Kursfluktuationen (Auf- und Abschwünge) während der Rundungsphase des Bodens sind, umso größer sind die Chancen auf einen großen Kursgewinn.

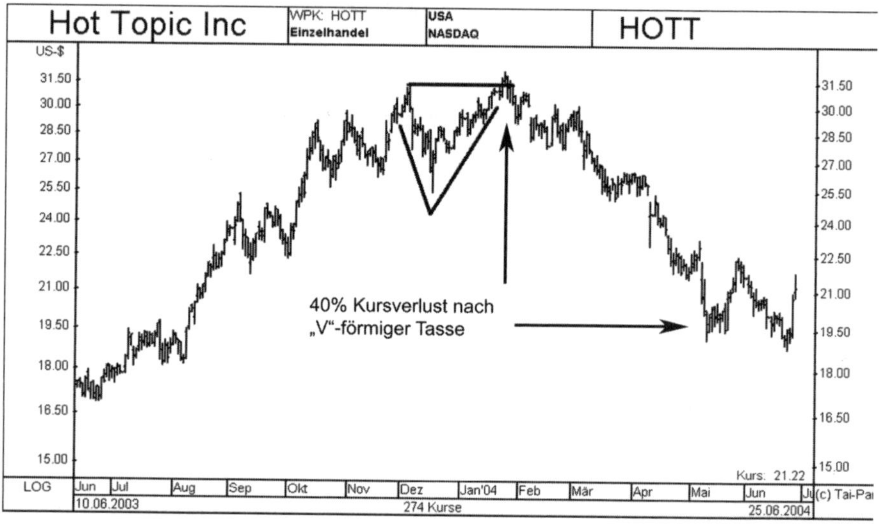

Locker geformte und „instabile" Tassen, in denen die Kurse eine hohe Schwankungsbreite demonstrieren, haben hingegen weniger positive Kursaussichten: Es deutet darauf hin, dass die Aktionäre noch sehr im Zweifel über die künftige Kursentwicklung sind – der Kampf zwischen Angebot und Nachfrage wogt kräftig hin und her.

Ein weiterer Fingerzeig für eine „ideale Tasse" ist es, wenn die Wochen, in denen die Aktie bei überdurchschnittlichem Volumen höher schließt, die Zahl der Wochen, in denen die Aktie bei überdurchschnittlichem Volumen niedriger schließt, überwiegen.

9.2.1.3 Der Henkel: Ruhe vor dem Sturm

Nach Vollendung der Tasse bildet sich ein Henkel aus. Dieser Henkel sollte für Sie das letzte Signal zu erhöhter Aufmerksamkeit sein: Denn nach Vollendung des Henkels gibt der Kurs mit seinem Ausbruch über den Angelpunkt hinweg das Signal zum Einstieg.

Der „Bau" des Henkels sollte ein bis zwei Wochen in Anspruch nehmen, kann in Einzelfällen aber auch mehrere Woche dauern. Der Kursrückgang innerhalb des Henkels sollte 10 bis 15% nicht spürbar überschreiten. In dieser Phase bleiben die Umsätze in der Regel niedrig. Als gute Messlatte hierfür hat sich der 50-Tage-Durchschnitt der Umsätze erwiesen. Zur Berechnung dieses Durchschnitts werden die Umsätze der letzten 50 Tage addiert und die Summe durch die Anzahl der Tage, also 50, dividiert. Das Ergebnis ist der durchschnittliche Umsatz der vorausgegangenen 50 Tage. Dieser 50-Tage-Durchschnitt wird jeden Tag fortgeschrieben: Am 51. Tag werden die Umsätze von Tag 2 bis Tag 51 addiert und durch 50 dividiert und so fort.

Handelsvolumina, die unter dem 50-Tage-Durchschnitt liegen, bezeichnet der Momentum Trader als „unterdurchschnittlich", Umsätze, die darüber liegen, als „überdurchschnittlich".

Der Henkel sollte sich idealerweise komplett in der oberen Hälfte der Gesamtformation bilden. Nach der folgenden Formel berechnen Sie den Mittelpunkt der Formation:

$$\textit{Formationsmittelpunkt} = \frac{\textit{Formationshochpunkt} + \textit{Tassenboden}}{2}$$

Die Bedingung ist erfüllt, wenn der Tiefpunkt des Henkels über dem Mittelpunkt der Formation liegt.

Alternativberechnung

Falls die obere Forderung nicht erfüllt wird, muss die Alternativberechnung erfüllt sein.

Dazu muss der Mittelpunkt des Henkels in der oberen Hälfte der Gesamtformation liegen. Den Mittelpunkt des Henkels errechnen Sie nach folgender Formel:

$$\textit{Henkelmittelpunkt} = \frac{\textit{Angelpunkt} + \textit{Henkelboden}}{2}$$

Die Henkelbildung sollte sich komplett oberhalb der 200-Tage-Linie vollziehen.

(Zur Berechnung und Funktion der 200-Tage-Linie lesen Sie bitte 9.3.1 „Die Berechnung einer Tagelinie" und 9.3.3 „Die Funktion der 200-Tage-Linie".)

Hinweis

Der Henkel darf sich nicht nach oben entwickeln. Dies wäre dann der Fall, wenn auf Tagescharts die Tiefs jeweils höher als die Tiefs vom Vortag liegen oder auf Wochencharts die Tiefs jeweils höher liegen als die Vorwochentiefs. Aufwärts driftende Henkel erweisen sich fast immer als Fehlsignal!

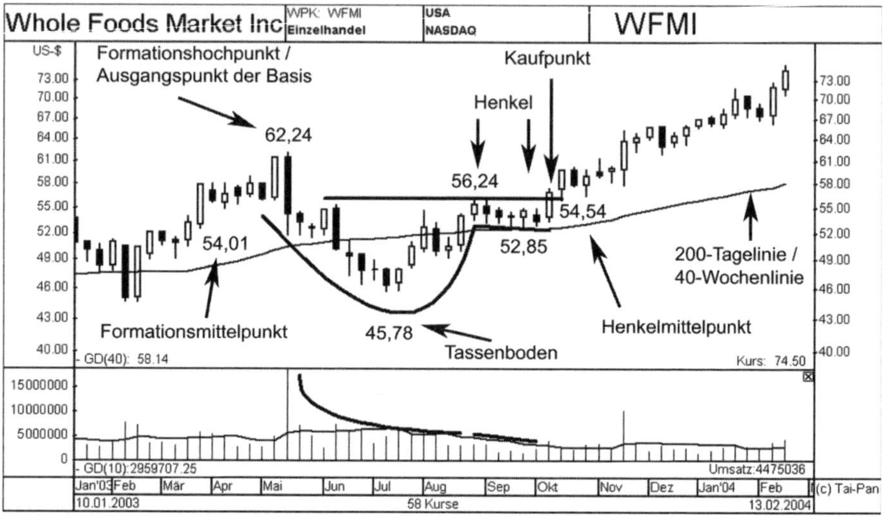

9.2.1.4 Das Kaufsignal

Der Momentum Trader gibt ein **Kaufsignal,** wenn der Kurs unter deutlich anziehenden Umsätzen aus der Formation ausbricht, also den Angelpunkt überwindet und Momentum aufbaut. Konkret müssen folgende Voraussetzungen erfüllt sein, um ein gültiges Signal zu erhalten:

Kursanstieg per Handelsende gegenüber dem Vortagesschluss um mindestens 2%. Da der Vortagesschluss wichtig ist, kann der MoM nur als Trader-Dienst und nicht als langsame Printversion erscheinen;

- deutlicher Anstieg des Handelsvolumens gegenüber dem Vortag (idealerweise mehr als 50%);
- deutlicher Anstieg des Handelsvolumens gegenüber dem 50-Tage-Durchschnitt der Umsätze (idealerweise mehr als 50%).

Da sich meine Empfehlungen auf Daten wie Vortagesschluss und das dabei entstandene Handelsvolumen stützen, kann der Momentum Trader nur als Trader-Dienst zu Ihnen kommen und nicht in gedruckter Form. Denn die Empfehlungen sollen ja umgehend von Ihnen umgesetzt werden, damit Sie den größtmöglichen Profit haben.

Der Kauf erfolgt am darauf folgenden Börsentag zum Eröffnungskurs.

Gibt die Aktie ein solches Kaufsignal, erhalten Sie vom Momentum Trader eine E-Mail, ein FAX oder eine SMS mit einer entsprechenden Kaufempfehlung.

Da der Momentum Trader bis zum Börsenschluss wartet, um die Gültigkeit des Kaufsignals zu bestätigen, erhalten Sie diese Benachrichtigung am Vormittag des folgenden Börsentages. Dadurch haben Sie ausreichend Gelegenheit, Ihre Order für die Eröffnung des neuen Handelstages zu platzieren.

9.2.1.5 Warum ist institutionelle Unterstützung so wichtig?

Kursausbrüche aus Basen sollen für ein gültiges Kaufsignal immer von anziehenden Handelsvolumina begleitet sein. Diese erhöhten Umsätze sind immer ein Zeichen für professionelles Interesse und Nachfrage seitens großer Geldanleger, eben institutioneller Investoren.

Warum lege ich so viel Wert auf diese institutionelle Unterstützung?

Wenn ich von institutioneller Unterstützung spreche, meine ich damit professionelle Geldmanager, die Hunderte oder Tausende von Aktien auf einmal ordern. Haben mehrere Geldmanager gleichzeitig Interesse an einer bestimmten Aktie, können sich die Käufe leicht auf mehrere Millionen an einem Handelstag addieren.

Wer verbirgt sich eigentlich hinter dem Begriff „institutionelle Anleger"?

Institutionelle Anleger sind Fondsgesellschaften, Banken, Versicherungen, Pensionsfonds (z.B. von Großunternehmen wie General Electric oder Siemens) oder Hedge Fonds. Addiert man die Gelder, die in den USA diesen Investoren zur Verfügung stehen, kommen leicht mehrere Billionen Dollar zusammen: Sie machen zur Zeit geschätzte 80% des gesamten Handels aus.

Sie können dies sehr einfach an den sogenannten „Block Trades" erkennen, die in den amerikanischen Börsenzeitungen oder auf einigen wenigen Internetseiten tagtäglich veröffentlicht werden. Als Block Trades werden alle Einzelgeschäfte bezeichnet, bei denen Investoren 10.000 und mehr Aktien auf einen Schlag kaufen. Ich habe dazu willkürlich einmal die Daten der US-Börse Nasdaq für den Monat Juni 2009 herausgegriffen:

	Trades	% of Trades	Share Volume	% of Volume
Block	250,539	0.13 %	9,178,837,274	16.77 %
Non-Block	199,028,983	99.87 %	45,545,453,678	83.23 %
Total	199,279,522	100.00 %	54,724,290,952	100.00 %

Quelle: Internetseite Nasdaq Trader http://www.nasdaqtrader.com/Trader.aspx?id=MonthlyMarketSummary

Danach betrug der Anteil der Block Trades an allen in diesem Monat ausgeführten Einzelgeschäften zwar nur 0,13%. Doch diese vergleichsweise bescheidene

Zahl an Trades stand für 16,77% des im gesamten Monat gehandelten Aktien-Volumens!

Natürlich geben institutionelle Investoren nicht nur 10.000 Stück-Orders auf. Aber Käufe von 5.000 Stück über eine Woche verteilt sind ja auch schon nicht unbeträchtlich. Vor allem wenn sie von einer Vielzahl dieser Geldmanager getätigt werden.

Diese Zahlen und Relationen dürften deutlich machen, dass an den institutionellen Investoren kein Weg vorbeiführt. Daher bevorzuge ich es, diese „Leitbullen“ zu beobachten und ihnen zu folgen. Wir alle können nur davon profitieren, diesen Geldriesen zu folgen, wenn sie mit ihren Käufen Aktien über die Angelpunkte/Pivotpunkte hieven oder umgekehrt mit ihren Verkäufen Aktien in den Keller schicken.

Um die Ströme des „großen Geldes“ zu verfolgen, ist es enorm wichtig, das Kurs-Umsatz-Verhalten des Marktes und von Aktien zu studieren.

Institutionelle Investoren kaufen Ihre Aktienbestände nie auf einmal: Sie würden sich durch die dadurch nach oben getriebenen Kurse die eigenen Einstandspreise verteuern. Daher kaufen sie in Wellen: Sie verteilen ihre Käufe auf mehrere Handelstage, um Ihre Bestände nach und nach aufzubauen, wenn sie das Ende einer Abwärtsbewegung für gekommen erachten. Daher sind Tage, an denen sich ein Kurs gegenüber dem Vortag (oder Wochen, in denen sich ein Wochenschlusskurs gegenüber dem Vorwochenschluss) verbessert, von besonderer Bedeutung, wenn sie von einem hohen Volumen begleitet sind: Es ist ein untrügliches Zeichen für institutionelle Käufe. Solche Aufwärtstage zeigen, dass die Institutionellen Investoren die Kursperspektiven zunehmend positiv beurteilen.

Umgekehrt verkaufen Institutionelle Investoren Ihre Aktienbestände auch nie auf einmal, da sie sich durch gedrückte Verkaufskurse selbst schaden würde. Sie distribuieren verteilen ihre Verkäufe auf mehrere Handelstage, um Ihre Bestände nach und nach loszuwerden, wenn sie das Ende einer Aufwärtsbewegung für gekommen erachten.

Tage, an denen sich ein Kurs gegenüber dem Vortag (oder Wochen, in denen sich ein Wochenschlusskurs gegenüber dem Vorwochenschluss) verschlechtert, sind ebenfalls von besonderer Bedeutung, wenn sie von einem überdurchschnittlichen Volumen begleitet sind: Es ist ein untrügliches Zeichen für institutionelle Verkäufe. Solche Handelstage bezeichnet man auch als „Distributionstage“. Tauchen 3 bis 5 solcher Distributionstage in einem Zeitfenster von 2 bis 4 Wochen auf, dann ist „Gefahr im Verzuge“, weil dies die Ernsthaftigkeit der Verkaufsaktivitäten unterstreicht und darauf hindeutet, dass die Institutionellen Investoren die Marktperspektiven eher skeptisch beurteilen.

9.2.1.6 Beispiel einer idealen Formation Tasse mit Henkel

Der folgende Chart zeigt ein Prachtexemplar einer solchen perfekten Tasse mit Henkel:

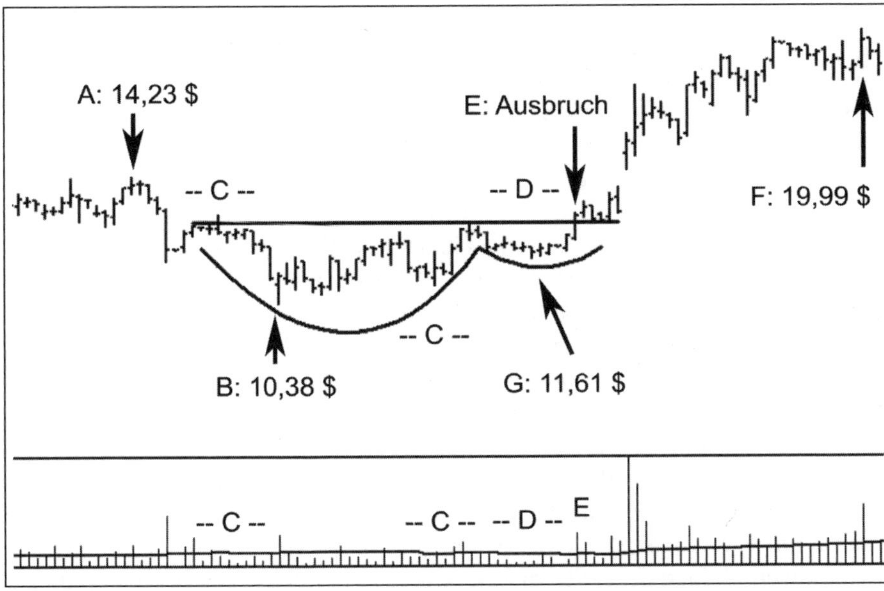

- Der Formation ging ein Kursanstieg um 112% (von 6,72 $ auf 14,23 $) voraus: damit war dem Anspruch an eine 30%ige Kurssteigerung entsprochen.
- Die Formation (Punkt A bis D) bildete sich über einen Zeitraum von elf Wochen aus. Damit war die Mindestanforderung von sieben Wochen erfüllt.
- Die Korrektur vom absoluten Hoch (Punkt A) bis zum Boden der Basis (Punkt B) betrug 27% – exakt im geforderten Bereich von 20-30%.
- Straffes Kursbild: auf dem Chart erkennen Sie Phasen, in denen die Kurse tagelang nahezu unverändert waren (Punkte C). Das Umsatzvolumen „trocknete" in diesen Phasen (Punkte C) und auch im Henkel (Punkt D) ebenfalls aus: es blieb unter dem 50-Tage-Durchschnitt.
- Das Verhältnis der Wochen, in denen die Aktie bei überdurchschnittlichem Volumen höher schloss, zu der Zahl der Wochen, in denen die Aktie bei überdurchschnittlichem Volumen niedriger schloss, betrug 2:1 (auf dem Chart nicht zu sehen).
- Der Henkel bildete sich komplett (Punkt G: Tiefpunkt = 11,61 $) in der oberen Hälfte der Gesamtformation – der Mittelpunkt der Gesamtformation lag bei 12,30 $:

$$Mittelpunkt = \frac{14{,}23\ \$ - 10{,}38\ \$}{2} + \text{Tassenboden}$$

- Der Ausbruch erfolgte am 22. April 2003: Es war ein Kursanstieg um 4,8%. Der Umsatz (1,61 Millionen Stück) lag markant über dem des Vortages (300.980) – also mehr als 50% – und um 176% über dem Durchschnitt der vergangenen 50 Tage (584.287).
- Gemäß den Regeln des Momentum Traders wäre die Aktie am Folgetag, also am 23. April 2003, zum Eröffnungskurs von 12,95 $ zum Kauf empfohlen worden.

Das Beispiel zeigt übrigens die Aktie Gen-Probe. Gen-Probe wurde im September 2002 aus dem japanischen Pharmakonzern Chugai ausgekoppelt und verselbstständigt. Das Unternehmen macht Tests, die Blut auf eine Infektion mit Viren (HIV, Hepatitis u.a.) hin untersuchen. Diese Tests erfolgen in einer wesentlich kürzeren Zeitspanne als bislang üblich – entsprechend verkürzt sich die Reaktionszeit für den behandelnden Arzt enorm. Die Tests von Gen-Probe werden zudem sehr stark bei der Untersuchung von Blutspenden eingesetzt.

Zum Zeitpunkt des Ausbruchs lag der Mittelwert des Wachstums des Gewinns pro Aktie der letzten beiden Quartale bei 190%. Der Umsatz hatte im aktuellen Quartal um 33% angezogen. Gen-Probe veröffentlichte wenige Tage nach dem Ausbruch die Zahlen für das zurückliegende Quartal: Der Gewinn pro Aktie lag um 177% über dem Vorjahreszeitraum.

In den acht Wochen nach dem Ausbruch legte Gen-Probe um 54% zu. Am 1. Juni 2004 notierte die Aktie bei 44,09 $ – ein Kursanstieg von 240%!

9.2.1.7 Checkliste für Tasse mit Henkel

Nachstehend habe ich noch einmal alle Punkte, die bei der Formation Tasse mit Henkel wichtig sind, in einer Checkliste zusammengestellt. Je mehr dieser Punkte von der Formation erfüllt werden, umso „sicherer“ und explosiver ist eine positive Kursentwicklung nach einem bestätigten Ausbruch.

- Der Basisbildung geht ein Kursanstieg um mindestens 30% voraus
- Vom Top der Gesamtformation bis zum Boden der Tasse verliert die Aktie zwischen 20 und 30% (in einer Baissephase können es bis zu 50% werden)
- Das Volumen geht während der Bodenbildung der Tasse tendenziell zurück. Tage, an denen die Notierungen über dem Vortag schließen bzw. Wochen, in denen die Notierung über dem Vorwochenschluss liegt, sind ein gutes Zei-

chen, wenn sie mit höherem Volumen verbunden sind. Das zeigt, dass die Käufer die Verkäufer überwiegen
- Schließt die Aktie während der Bodenbildung häufig in der Nähe des Intraday-Hochs, ist dies ein bullishes Zeichen (Großinvestoren kehren in die Aktie zurück)
- Der Kurs steigt wieder bis auf das Niveau des Anfangs-Tops der Basis
- Ab hier, dem Angelpunkt (Pivotpunkt), beginnt die Ausbildung des Henkels: die Kurse sollten im Henkel in Bullmärkten 10-15% korrigieren, in Bearmärkten 20-30%. Achtung: aufwärts tendierende Henkel sind Bullenfallen
- Der Henkel sollte sich in der oberen Hälfte der Gesamtbasis entwickeln
- Mindestens sollte der Mittelpunkt des Henkels jedoch in der oberen Hälfte der Gesamtbasis liegen
- Der Henkel sollte sich oberhalb der 200-Tage-Linie entwickeln
- Liegt das Volumen während der Henkelbildung häufig am oder unter dem Durchschnittsvolumen der letzten 50 Tage, ist das ein bullishes Zeichen
- Nach einer bis mehreren Wochen steigt der Kurs über den Angelpunkt: 1. Der Kursanstieg muss an diesem Tag um mindestens 2% über dem des Vortages liegen. 2. Weiterhin muss das Handelsvolumen an diesem Tag klar über dem des Vortages liegen (ideal sind mehr als 50%). 3. Das Handelsvolumen an diesem Tag muss klar über dem des 50-Tage-Durchschnitts liegen (ideal sind mehr als 50%)
- Innerhalb der Tasse sollten die Wochen, in denen die Aktie bei überdurchschnittlichem Volumen höher schließt, die Zahl der Wochen, in denen die Aktie bei überdurchschnittlichem Volumen niedriger schließt, übertreffen.

Die absurdesten und rücksichtslosesten Ambitionen führen manchmal zu außerordentlichen Erfolgen.
Winston Churchill, ehem. britischer Premierminister

9.2.1.8 Warum Sie nicht am Boden der Tasse kaufen sollten

Nachdem Sie mir bis hierhin gefolgt sind, spüre ich förmlich, wie Sie sich die Frage stellen, warum Ihnen der Momentum Trader nicht einfach empfiehlt, schon am Boden der Tasse zu kaufen? Schließlich könnten Sie durch einen frühzeitigeren Kauf Ihren Gewinn maximieren, nicht wahr?

Ich kann mir sehr gut vorstellen, dass Sie sich mit der von mir skizzierten Vorgehensweise unbehaglich fühlen. Schließlich steht sie konträr zu der Vorgehensweise, die Sie bislang gewohnt waren und mit der Sie bis heute Ihre Aktienpositionen gekauft haben.

Hier die Gründe, warum Sie NICHT am Boden einer Tasse kaufen dürfen:

- Punkt 1: Gegenfrage: Woher wollen Sie nach einer Korrektur zwischen 20 und 30% wissen, ob sich hier überhaupt eine Tasse ausbildet? Möglicherweise erreicht die Aktie nie wieder ihr vorheriges Hoch.
- Punkt 2: Die Aktie muss ihre Stärke und ihr Potenzial unter Beweis stellen, indem sie den größten Teil dessen wieder zurückgewinnt, was sie zuvor verloren hat.
- Punkt 3: Nur der Ausbruch über den Angelpunkt demonstriert weiterhin vorhandenes Interesse der institutionellen Anleger. Darum ist es auch so wichtig, dass der Ausbruch von markant höherem Umsatz begleitet wird.
- Punkt 4: Der Ausbruch ist fast immer auch gleichbedeutend mit dem Erreichen eines neuen 52-Wochen-Hochs. Dies beweist, dass die Nachfrage das Angebot übersteigt.
- Punkt 5: Das Verhalten von Kurs und Umsatz im Verlauf der Ausbildung einer Basis belegt das notwendige psychologische Wechselspiel der Investoren, sprich: die allmähliche Wandlung des Überangebots in einen Nachfrageüberhang.
- Punkt 6: Basen, die alle notwendigen Merkmale erfüllen, haben eine extrem hohe Wahrscheinlichkeit dafür, dass die Kurse nach dem Ausbruch nicht wieder in die Basis zurückfallen. Auch wenn es paradox klingt: An diesem Punkt besteht für Sie als Anleger das geringste Kursrisiko.

Der folgende Chart von Joseph A Bank Clothiers, einer Bekleidungseinzelhandelskette, zeigt, welche Risiken Sie eingehen, wenn Sie versuchen, den Boden einer Basis einzuschätzen und dort zu kaufen.

Die Aktie hatte bereits einen längeren Anstieg von 8 $ im Juli 2002 hinter sich. Im Oktober erreichte sie ein Top von 36,26 $ und begann, eine Basis auszubilden. Innerhalb von 9 Börsentagen sackte Joseph A Bank Clothiers um 27% und erfüllte damit die Bedingung einer 20-30%-Korrektur für eine Tasse. Hätten Sie kurz darauf die Aktie zu Kursen um 29 $ gekauft – nachdem sich das Tief als wahrscheinlicher Boden zeigte – so lagen Sie bereits vier Wochen später mit 20% im Verlust. Mitte Dezember 2003 hätte sich Ihr Verlust auf 30% ausgeweitet. Bereits beim zweiten Tief von 26,50 $ hätte es sich übrigens schon nicht mehr um eine Basisbildung gehandelt – die Korrektur überschritt mit -45% die Voraussetzungen für eine Tasse.

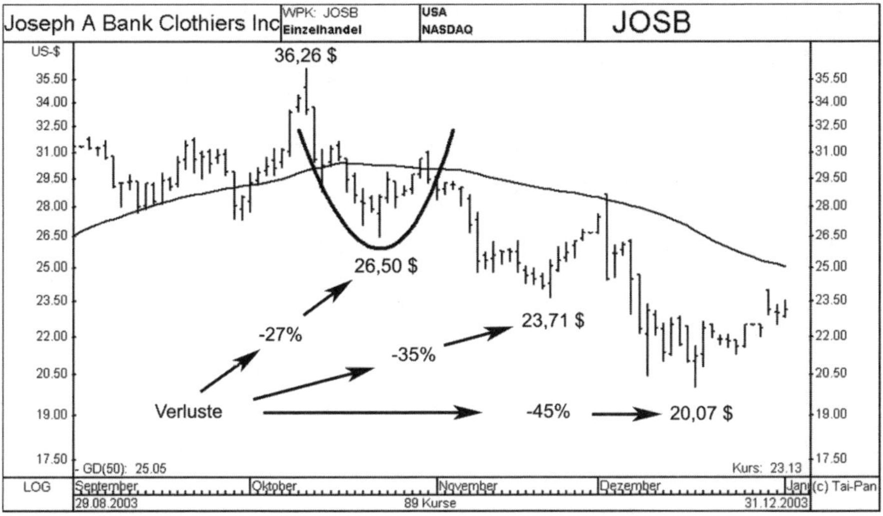

Das Ziel der Momentum Trader-Strategie ist es, gesunde Wachstumswerte zum optimalen Zeitpunkt kaufen. Unser Ziel ist es NICHT, zum billigsten Kurs oder in der Nähe der Tiefkurse zu kaufen (lesen Sie dazu noch einmal in Kapitel 4 „Warum es besser ist, teuer zu kaufen und noch teurer zu verkaufen" nach). Der Momentum Trader sucht nach dem Punkt, an dem die größte Wahrscheinlichkeit für einen großen Kursanstieg besteht. Und den finden Sie nur bei der beschriebenen Vorgehensweise.

9.2.2 Die Tassenformation

Die Tassenformation ist im Grunde nichts anderes als die Formation Tasse mit Henkel, nur, dass der Henkel fehlt.

Vergleichen Sie hierzu bitte die Punkte 9.2.1.6 „Beispiel einer idealen Formation Tasse mit Henkel" bis 9.2.1.8 „Warum Sie nicht am Boden der Tasse kaufen dürfen".

Aufgrund des fehlenden Henkels findet der Ausbruch bei dieser Formation in dem Moment statt, in dem die Kurse den Ausgangspunkt der Tasse überwinden.

Die Merkmale für ein gültiges Kaufsignal beim Ausbruch sind dieselben wie bei der Tasse mit Henkel:

- Kursanstieg per Handelsende gegenüber dem Vortagesschluss um mindestens 2%

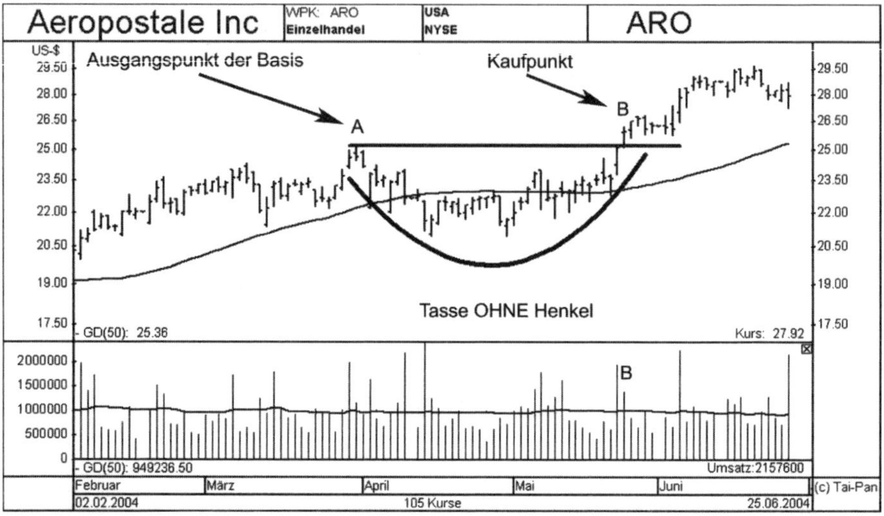

- deutlicher Anstieg des Handelsvolumens gegenüber dem Vortag (idealerweise mehr als 50%)
- deutlicher Anstieg des Handelsvolumens gegenüber dem 50-Tage-Durchschnitt der Umsätze (idealerweise mehr als 50%)

Hinweis:
Nicht selten entsteht aus einer Tasse ohne Henkel eine Tasse mit Henkel. Dieser bildet sich dann oberhalb der Tasse – in der Charttechnik bezeichnet man diese Formation als Tasse mit „hohem" Henkel. In einem solchen Fall wird der Ausgangspunkt des Henkels zum Angelpunkt. Für diese Formation gelten ansonsten alle Bedingungen wie für die Tasse mit Henkel. Auch das Kurspotenzial nach dem Ausbruch unterscheidet sich nicht von dem bei der „normalen" Tasse mit Henkel.

9.2.2.1. Checkliste für Tasse

Nachstehend finden Sie ein Checkliste mit allen Punkten, die bei der Formation Tasse wichtig sind. Je mehr dieser Punkte von der Formation erfüllt werden, umso „sicherer" und explosiver ist eine positive Kursentwicklung (Momentum) nach einem bestätigten Ausbruch.

- Der Basisbildung geht ein Kursanstieg um mindestens 30% voraus.
- Vom Top der Gesamtformation bis zum Boden der Tasse verliert die Aktie zwischen 20 und 30% (in einer Baissephase können es bis zu 50% werden).

- Das Volumen geht während der Bodenbildung der Tasse tendenziell zurück. Tage, an denen die Notierungen über dem Vortag schließen bzw. Wochen, in denen die Notierung über dem Vorwochenschluss liegt, sind ein gutes Zeichen, wenn sie mit höherem Volumen verbunden sind. Das zeigt, dass die Zahl der Kaufwilligen die der Verkaufswilligen überwiegt.
- Schließt die Aktie während der Bodenbildung häufig in der Nähe des Intraday-Hochs, ist dies ein bullishes Zeichen (Großinvestoren kehren in die Aktie zurück).
- Der Kurs steigt wieder bis auf das Niveau des Anfangs-Tops der Basis.
- Der Kurs steigt über den Ausgangspunkt der Basis: 1. Der Kursanstieg muss an diesem Tag um mindestens 2% über dem des Vortages liegen. 2. Weiterhin muss das Handelsvolumen an diesem Tag klar über dem des Vortages liegen (ideal sind mehr als 50%). 3. Das Handelsvolumen an diesem Tag muss klar über dem des 50-Tage-Durchschnitts liegen (ideal sind mehr als 50%).
- Innerhalb der Tasse sollten die Wochen, in denen die Aktie bei überdurchschnittlichem Volumen höher schließt, die Zahl der Wochen, in denen die Aktie bei überdurchschnittlichem Volumen niedriger schließt, übertreffen.

9.2.3 Die W-Formation

Das Kursbild dieser Basis ähnelt auf dem Chart einem „W". Die W-Formation finden Sie bei Wachstumswerten allerdings weniger häufig als die Tasse oder die Tasse mit Henkel.

Bei dieser Formation ist der wichtigste Punkt das „zweite Bein" des „W": es sollte das Niveau des ersten Tiefs erreichen. In der Mehrzahl der Fälle unterschreitet das zweite Tief das erste um ein oder zwei Dollar.

Dieses zweite Tief übernimmt die Funktion des Henkels in der Tassenformation: Es soll die letzten Zweifler „ausschütteln". Daher sollte der Umsatz um diesen Punkt herum unter dem Umsatz bei der Ausbildung des ersten Tiefs liegen, idealerweise unter dem 50-Tage-Durchschnitt. Ein überdurchschnittliches Volumen weist hingegen auf weitere Abgabebereitschaft institutioneller Investoren hin und ist dementsprechend negativ zu beurteilen.

Der Bekleidungsausstatter für Teen-Mode, Gadzooks, ging am 6. Oktober 1995 an die Börse. Der IPO-Preis lag damals bei 9 $. Der Mittelwert von Gadzooks' Gewinn pro Aktie in den letzten beiden Quartalen lag bei 34%; der Umsatz hatte sich in beiden Dreimonatsperioden um 42 und 41% verbessert.

Am 28. November 1995 brach die Aktie aus einer W-Formation nach oben aus. Es war mit nur fünf Wochen eine recht „schnelle" Formation, nichtsdesto-

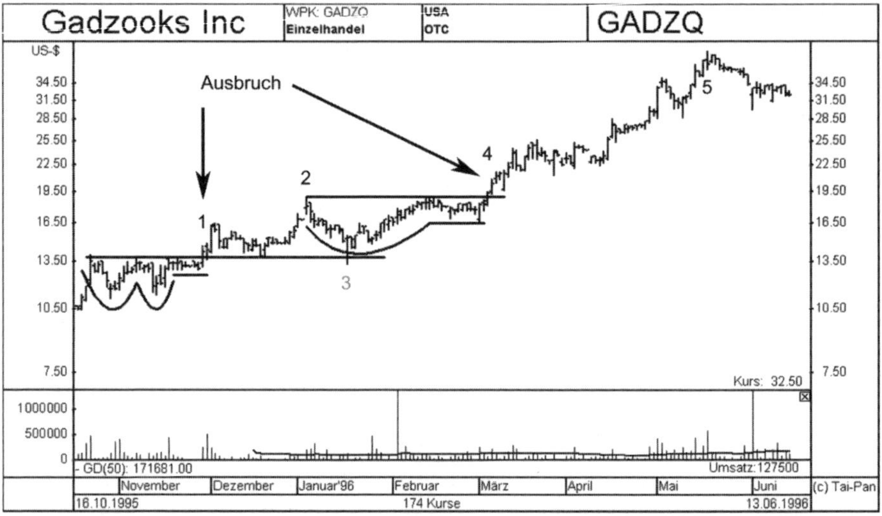

trotz korrigierte die Aktie um 19% innerhalb der Basis und entsprach damit fast der Idealvorgabe von 20-30%. Der Ausbruch (Punkt 1) erfolgte mit der verlangten Unterstützung durch die Umsatztätigkeit.

Interessant ist an diesem Chart noch Punkt 3: Wie an der durchgezogenen Linie durch den Angelpunkt zu erkennen, fiel die Aktie nach dem Ausbruch nur an dieser Stelle, am 16. Januar 1996, noch einmal in die Basis zurück. Allerdings war diese Bewegung ein „One-Day-Reversal" (Ein-Tages-Umkehr). Die Aktie sackte zu Beginn der Börsensitzung bis auf 13,33 $ ab, erholte sich jedoch im weiteren Verlauf und schloss am Ende sogar noch über dem Vortagesschluss.

Als Momentum Trader wären Sie an dieser Stelle dennoch ausgestoppt worden. Das vorhergehende Hoch auf Schlusskursbasis lag bei 18 $, das Stop-Loss mithin bei 15,30 $. Die Aktie schloss am 17. Januar 1996 bei 14,50 $ und wäre somit nach unseren Regeln verkauft worden.

Dafür gab es eine neue Chance im März 1996. Diesmal formte Gadzooks über neun Wochen eine klassische Tasse mit Henkel. Diesmal stimmte alles: Korrektur in der Tasse 26% (exakt zwischen den geforderten 20-30%), ein Kursanstieg in der Tasse von 16,58 $ auf 17,50 $ am 2. Februar 1996, der vom bislang höchsten Umsatz in der jungen Historie der Aktie begleitet war, und ein Henkel, der um 12% korrigierte (exakt zwischen den geforderten 15-20%). Nach dem Ausbruch am 5. März 1996 (Punkt 4) wäre Gadzooks am Folgetag zum Eröffnungskurs von 20,83 $ zum Kauf empfohlen worden. Gadzooks kletterte in der Spitze bis auf 41 $, das entsprach einer knappen Kursverdoppelung in nur 10 Wochen!

9.2.4 Die Flachbasis

Die Flachbasis reiht sich nahtlos ein in die Riege der gewinnträchtigen Formationen. Diese Form der Basis finden Sie jedoch im Gegensatz zur Tasse und zur W-Formation sehr selten als erste Basis. Sie ist wesentlich häufiger anzutreffen, nachdem eine Aktie ihren Aufschwung aus einer Tassen- oder W-Formation heraus begonnen hat und nun eine erste Verschnaufpause einlegt.

Flachbasen zeichnen sich durch eine fast geradlinig zu nennende Seitwärtsbewegung aus. Die Kurse weisen dabei eine geringe Schwankungsbreite auf.

Auch Flachbasen sind Ergebnis des Wechselspiels von Angebot und Nachfrage. Wie bei allen anderen Basen auch werden ungeduldige Investoren „herausgeschüttelt", die es müde werden, darauf zu warten, dass die Aktie wieder Fahrt aufnimmt.

Flachbasen sollten sich über mindestens sechs oder sieben Wochen ausbilden. Die Korrektur vom Ausgangspunkt der Flachbasis darf nicht mehr als 10 bis 15% ausmachen. Der Chart von ACE Cash Express auf dieser Seite ist ein hübsches Beispiel für die Formation der Flachbasis.

Finanzdienstleister ACE Cash Express startete seine Aufwärtsbewegung aus einer Tasse mit hohem Henkel (Punkt 1), die anschließend sofort in eine Flachbasis (Punkt 2) überging. Die Korrektur innerhalb der Basis lag bei 14%, also genau im Rahmen der Anforderung. Der Ausbruch aus der Basis erfolgte mit Kursschub (mehr als 2%) und korrektem Umsatzverhalten (Zunahme gegenüber Vortag und 63% über 50-Tage-Durchschnitt).

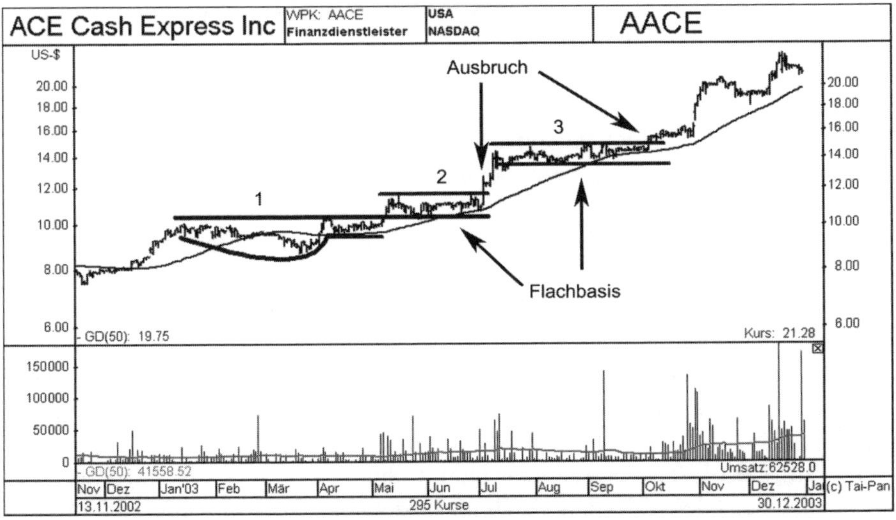

Auch die zweite Flachbasis (Punkt 3) entsprach allen Anforderungen (13% Korrektur, Kursschub mehr als 2%, Umsatzzunahme gegenüber Vortag und 84% über 50-Tage-Durchschnitt).

ACE Cash Express marschierte noch bis in den März 2004 hinein bis auf 39,50 $. Mit den Momentum Trader-Regeln wäre die Aktie am 9. Mai 2003 zum Eröffnungskurs von 10,66 $ zum Kauf empfohlen worden. Ein Kursplus von 270% in nur 10 Monaten!

9.3 Tagelinien oder Gleitende Durchschnitte

Gleitende Durchschnitte oder Tagelinien (Moving Averages) werden in der Technischen Analyse am häufigsten verwendet. Sie stellen den Durchschnittskurs eines betrachteten Zeitraumes dar. Gleitend bedeutet, dass mit jedem neuen Kurs (Tag, Woche, Monat) der älteste Kurs (Tag, Woche, Monat) des betrachteten Zeitraums aus der Berechnung herausfällt.

Auf Charts werden diese Durchschnitte meist als gestrichelte oder durchgehende Linie dargestellt. Sie dienen letztlich der Glättung des Kursverlaufes – die vielen Auf- und Abwärtsbewegungen der Kurskurve werden eliminiert. Die Glättung macht die Trendrichtung einer Kurskurve deutlicher erkennbar.

Je nach Länge des betrachteten Zeitraumes können Gleitende Durchschnitte somit als Trendindikatoren für kurz-, mittel- und langfristige Trends genutzt werden. In seiner einfachsten Nutzungsform wird das Kreuzen einer Tagelinie von unten nach oben als Kaufsignal, das Kreuzen einer Tagelinie von oben nach unten als Verkaufssignal gedeutet.

9.3.1 Berechnung einer Tagelinie

Zur Berechnung einer Tagelinie werden die Schlusskurse/Umsätze der letzten X Tage addiert und die Summe durch die Anzahl der Tage des betrachteten Zeitraume, also X Tage, dividiert. Das Ergebnis ist der Durchschnittskurs der vorausgegangenen X Tage. Dieser Durchschnitt wird jeden Tag fortgeschrieben: An Tag X + 1 werden die Schlusskurse/Umsätze von Tag 2 bis Tag X + 1 addiert und durch X dividiert und so fort.

Wochen- und Monatslinien werden auf dieselbe Weise berechnet. Zur Berechnung gelangen hier jedoch nur die Wochenschlusskurse bzw. die Monatsschlusskurse.

Ein auf diese Weise errechneter Durchschnitt wird auch als einfacher oder arithmetischer Gleitender Durchschnitt bezeichnet. Dies bedeutet, dass jedem

Tag des Berechnungszeitraumes das gleiche Gewicht eingeräumt wird. Bei einer 200-Tage-Linie hat somit jeder einzelne Tag ein Gewicht von 0,5%; bei einer 50-Tage-Linie hat jeder Tag ein Gewicht von 2%.

Neben den einfachen (arithmetischen) Durchschnitten sind in der Technischen Analyse auch gewichtete oder exponentielle Durchschnitte gebräuchlich. Diese sind für die Strategie des Momentum Traders jedoch ungeeignet, weshalb ich auf diese Art der Gleitenden Durchschnitte auch nicht näher eingehe.

9.3.2 Die Funktion der 50-Tage-Linie

Die 50-Tage-Linie hat sich in der Technischen Analyse als eine sehr solide Unterstützungslinie für schnell aufwärts strebende Wachstumswerte etabliert. Der Grund dafür dürfte darin zu suchen sein, dass 50 Börsentage eine gute Balance zwischen dem mittel- und langfristigen Trend einer Aktie darstellen. Das sehen offensichtlich institutionelle Anleger ähnlich: Sie nutzen die 50-Tage-Linie häufig als Orientierungsmarke für ihre eigenen Investments.

Die besten Wachstumsaktien bewegen sich nahezu ständig mehr oder weniger weit oberhalb dieses 50-Tage-Durchschnitts. Sie hinterlassen so einen zusätzlichen Beweis für die Stärke ihres Trends.

Rückschläge einer Aktie auf die 50-Tage-Linie nach einem gültigen Ausbruch aus einer Basisformation bieten Ihnen die Möglichkeit eines Zukaufs. Sollten Sie aus irgendeinem Grund den Einstieg bei Empfehlung durch den Momentum Trader versäumt haben, offerieren Ihnen solche Rückschläge eine zweite Chance.

Nach dem Ausbruch laufen die Kurse in aller Regel recht schnell nach oben. Es ist wenig sinnvoll, solchen schnellen Aufwärtsbewegungen hinterherzulaufen.

Hin und wieder bieten große Gewinneraktien noch einmal zusätzliche Einstiegspunkte, wenn sie auf ihren 50-Tage-Durchschnitt korrigieren. Das Verhältnis von Chance und Risiko veranschlage ich auf etwa 70 : 30.

Wichtig ist die genaue Beobachtung des Verhaltens von Kurs und Umsatz an solchen Punkten: Prallen die Kurse am 50-Tage-Durchschnitt ab oder kommen knapp darunter zum Stehen, um anschließend wieder nach oben zu katapultieren, so ist dies ein Zeichen für institutionelle Unterstützung. Ebenfalls positiv zu werten ist, wenn die Kurse auf Tages- oder Wochenbasis in der oberen Hälfte der Kursrange schließen.

Sacken die Kurse bei hohem Volumen durch die 50-Tage-Linie, ist dies ein Hinweis dafür, dass die großen Geldmanager die Aktie fallen lassen. Ein solches Verhalten legt einen Verkauf nahe.

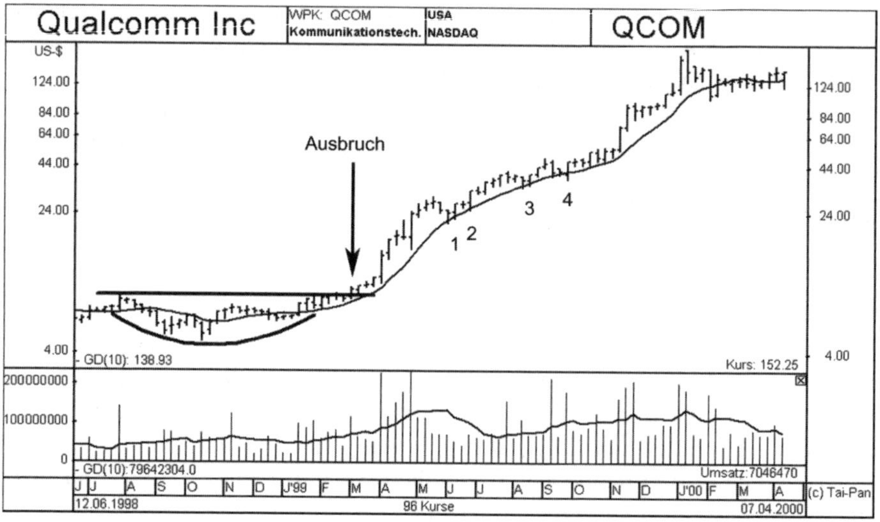

Der Chart von Qualcomm zeigt den Ausbruch der Aktie aus einer soliden Basis und den exorbitanten Anstieg. Die Aktie kletterte in nur 11 Monaten um 2.010%. Auf dem Weg dorthin bot sie Investoren viermal die Chance zum Nachkauf oder Einstieg.

In jedem der vier Fälle schloss Qualcomm auf dem Wochenhoch oder mindestens im oberen Drittel der Wochenkursbandbreite. Punkt 3 und 4 zeigten überdies noch ein über dem 50-Tage-Durchschnitt liegendes Volumen.

Selbst der späte Einstieg an Punkt 4 zu etwa 40 $ hätte immerhin noch eine Verfünffachung des Einsatzes gebracht! Qualcomm erreicht Anfang Januar 2000 sein absolutes Rekordhoch bei 200 $.

Um es noch einmal zu betonen: Der Einstieg mithilfe der 50-Tage-Linie ist NUR sinnvoll NACH einem GÜLTIGEN Ausbruch aus einer Basis. Während der Ausbildung einer Basis sinkt der Kurs häufig unter den 50-Tage-Durchschnitt – dies ist kein Signal zum Kauf! Kaufen Sie IMMER erst bei einem Ausbruch in der vom Momentum Trader beschriebenen Weise. Im Rahmen der Basisbildung können Sie die 50-Tage-Linie sinnvoller als Indikator für ein positives Verhalten der Aktie einsetzen.

9.3.3 Die Funktion der 200-Tage-Linie

Die 200-Tage-Linie hat sich in der Technischen Analyse als eine Art Trennlinie für die langfristige Trendrichtung etabliert. Sie dient weniger als Orientierungspunkt für Investments, sondern eher als Indikator für die generelle Trendrichtung des Marktes oder einer einzelnen Aktie. Der Momentum Trader nutzt die 200-Tage-Linie auch als Unterstützungslinie bei der Basenbildung.

Gute Wachstumsaktien bewegen sich ständig und häufig sehr weit oberhalb dieses 200-Tage-Durchschnitts. Eine Annäherung an diese Linie ist daher immer als ein ernst zu nehmendes Warnsignal zu interpretieren.

Bei einem Rückschlag einer Aktie auf die 200-Tage-Linie sollten Zukäufe daher zurückgestellt werden. Empfehlenswert ist eine strenge Beobachtung des Verhaltens der Aktie an den folgenden Tagen. Sinkt der Kurs unter die 200-Tage-Linie, so sollten Wachstumswerte verkauft werden. Aber auch für andere Aktien in Ihrem Depot ist eine solche Prüfung in diesem Fall empfehlenswert.

Prallt der Kurs an der 200-Tage-Linie ab und steigt anschließend, begleitet von überdurchschnittlichen Umsätzen, wieder deutlich an, deutet dies auf institutionelle Unterstützung hin. Warten Sie mit Käufen dennoch so lange, bis die Aktie auch die 50-Tage-Linie mit entsprechender Umsatzbelebung von unten nach oben kreuzt.

10 Einstieg und Ausstieg: Sicherheit durch klare Regeln

Das Konzept des Momentum Traders bietet eine systematische Auswahl finanziell gesunder Wachstumsaktien kombiniert mit dem richtigen Timing beim Kauf und Verkauf. Dafür habe ich knallharte Regeln aufgestellt, nach denen ich

- Aktien für Sie auswähle,
- Ihnen diese Aktien zum Kauf empfehle und
- Ihnen rate, diese Aktien wieder zu verkaufen.

Diese Regeln garantieren Ihnen ein Höchstmaß an Sicherheit beim Investieren.

10.1 So schützen Sie meine Momentum Trader-Regeln

Sie werden von mir umgehend per E-Mail, Fax oder SMS informiert, sobald

- eine Aktienempfehlung ausgesprochen wird,
- eine Anpassung des Stop-Loss notwendig wird,
- eine Verkaufsempfehlung ausgesprochen wird.

10.2 Regeln beim Einstieg

Mit der Momentum Trader-Strategie ausgewählte Aktien werden Ihnen nur dann zum Kauf empfohlen, wenn

- sie im Screening-Test mindestens 50 Punkte erreicht haben
- ein gültiger Ausbruch aus einer Basis (Tasse, Tasse mit Henkel, W-Formation, Flachbasis) gemäß den im Abschnitt Formationen aufgestellten Regeln vorliegt

10.2.1 Kauf nach Signal am Folgetag

Wenn eine nach der Momentum Trader-Strategie ausgewählte Aktie ein gültiges Kaufsignal ausweist, erhalten Sie von mir mit der **Dringlichkeitsstufe 1** eine E-Mail oder ein Fax, sowie eine SMS (falls Sie sich diesen kostenlosen Service beim Kundendienst des Verlages haben einrichten lassen) mit allen notwendigen Daten, um die Aktie ordern zu können.

Der Momentum Trader empfiehlt Ihnen in aller Regel, Aktien am selben Börsentag zu einem vorgegebenen Kurslimit zu kaufen. Hin und wieder erhalten Sie auch die Empfehlung, die Aktie bis zu einem maximalen Kurslimit zu ordern.

Beispiel: Der Momentum Trader stellt am Ende eines Handelstages ein gültiges Kaufsignal für die Aktie „Growing Wonder" fest. Sie erhalten am folgenden Handelstag eine E-Mail oder ein Fax (sowie eine SMS, falls Sie die kostenlose SMS-Benachrichtigung über den Kundendienst des Verlages eingerichtet haben) mit der Dringlichkeitsstufe 1, in der wir Ihnen empfehlen, die Aktie „Growing Wonder" mit Limit 50,60 USD zu kaufen. Da die US-Börsen immer um 15:30 Uhr mitteleuropäischer Zeit mit dem Handel beginnen, haben Sie also meist ausreichend Zeit, Ihre Kauforder zu platzieren. Bei Kauf an einem deutschen Börsenplatz setzen Sie die Kauforder bitte so zeitnah wie möglich um.

Bei einer Vorgabe „Kaufen bis maximal 50,60 USD" (oder Euro) notierte die Aktie zum Zeitpunkt meiner Empfehlung deutlich niedriger. Sie können daher vor dem Kauf den aktuellen Kurs überprüfen und gegebenenfalls ein für Sie günstigeres Kauflimit einsetzen. Sollte der Kurs zum Zeitpunkt Ihrer Orderaufgabe bereits höher notieren, dann verwenden Sie das maximale Limit als Ihr Kauflimit.

Sie erhalten in einem übersichtlichen Kasten zusammengefasst alle relevanten Daten, um die Aktie sofort bei Ihrer Bank ordern zu können. Im Einzelnen erhalten Sie folgende Daten:

1. Name der Aktie
2. Tickersymbol der Aktie (bei Kauf an einer US-Börse)
3. ISIN (International Securities Identifikation Number)
4. WKN (Wertpapierkennnummer)
5. Börsenplatz
6. Kauflimit (oder maximaler Kaufkurs)
7. Schlusskurs des Vortages (oder aktuelle Taxe, falls bekannt)
8. aktueller Euro/US-Dollar-Kurs (bei Kauf an einer US-Börse)

Damit erhalten Sie alle für das reibungslose Ordern notwendigen Daten.

10.2.2 Initial-Stop-Loss: Sofortige Absicherung ab Kauf

Der Momentum Trader sichert Ihre Position ab dem Zeitpunkt des Kaufes durch die Vorgabe eines „mentalen" Initial-Stop-Loss ab. Als Initial-Stop-Loss bezeichne ich das erste Stop-Loss, das ich für die erworbene Aktie nach dem Kauf ermittle. Mental bedeutet, dass ich Sie umgehend informiere, wenn der Kurs unter dem Initial-Stop-Loss schließt.

Das Initial-Stop-Loss liegt IMMER 8% unter dem von mir ermittelten Kaufkurs.

Sie können das Initial-Stop-Loss auch mit der folgenden Formel errechnen:

Initial-Stop-Loss = Kaufkurs – (Kaufkurs × 0,08)

10.3 Regeln beim Ausstieg

Die Momentum Trader-Strategie arbeitet mit zwei Stop-Loss-Arten:

- dem Initial-Stop-Loss (8% unter dem Kaufkurs)
- dem dynamischen Stop-Loss (15% unter dem höchsten zuvor erreichten Schlusskurs)

Die Momentum Trader-Strategie begrenzt Ihr Investitionsrisiko ab dem Zeitpunkt des Kaufes auf ca. 8% vom Kaufkurs für die jeweilig gekaufte Position.

Der Momentum Trader hält Sie stets auf dem Laufenden bezüglich des aktuell gültigen Stop-Loss-Limits. Eine Aufgabe des Stop-Loss-Limits an Ihre depotführende Bank / Broker ist daher NICHT notwendig.

Der Momentum Trader informiert Sie immer so rechtzeitig, dass Sie ausreichend Zeit haben, um bei einer Unterschreitung eines Stop-Loss-Limits Ihrer Bank eine Verkaufsorder zu erteilen. Das spart Ihnen Zeit für die Beobachtung und Kosten für die Aufgabe bzw. Änderung von Stop-Loss-Limits.

Hinweis

Der Momentum Trader weist darauf hin, dass jedes Stop-Loss-Limit in der in diesem Manual beschriebenen Weise nachvollzogen und Ihnen mitgeteilt wird. Sollten Ihre Kaufkurse von den durch den Momentum Trader empfohlenen Kaufkursen abweichen (z.B. weil Sie zu einem höheren, als zu dem vom Momentum Trader empfohlenen Limit gekauft haben), dann sollten Sie das Initial-Stop-Loss nach der hier beschriebenen Vorgehensweise selbst ermitteln und überwachen.

Der Momentum Trader weist außerdem darauf hin, dass Sie für die Durchführung der vom Momentum Trader empfohlenen Verkäufe selbst verantwortlich sind. Sollten Sie durch eine Nichtbeachtung unserer Verkaufsempfehlungen größere Verluste erleiden, liegt dies in Ihrer eigenen Verantwortung.

10.3.1 Das müssen Sie tun, wenn das Initial-Stop-Loss ausgelöst wird

Schließt eine von uns empfohlenen Aktie nach dem Kauf unter dem Initial-Stop-Loss, so erhalten Sie von mir mit der **Dringlichkeitsstufe 1** eine E-Mail oder ein Fax mit allen notwendigen Daten, um die Aktie verkaufen zu können. Falls

Sie SMS-Benachrichtigung gewünscht haben, erhalten Sie zusätzlich eine SMS mit allen für einen Verkauf notwendigen Orderdaten.

Der Momentum Trader empfiehlt Ihnen dann, die Aktie entweder zu einem Kurslimit oder „bestens" zu verkaufen.

Beispiel: Der Momentum Trader stellt am Ende eines Handelstages nach dem Kauf fest, dass die empfohlene Aktie „Growing Wonder" bei 27,50 € (grau unterlegtes Feld in der Grafik) geschlossen hat. Damit ist das Initial-Stop-Loss von 27,60 € unterschritten (grau unterlegtes Feld in der Grafik) und ein gültiges Verkaufssignal ausgelöst worden. Sie erhalten am 17. Juni 2004 vormittags mit der **Dringlichkeitsstufe 1** eine E-Mail, ein Fax oder eine SMS, in der wir Ihnen empfehlen, die Aktie „Growing Wonder" zum Eröffnungskurs desselben Handelstages zu **verkaufen.**

Unterschreitung des Initial-Stop-Loss an einem fiktiven Beispiel

Datum	Schluss-kurs	Initial-Stop-Loss (8%)
26.10.2007	30,00 €	27,60 €
29.10.2007	31,43 €	27,60 €
30.10.2007	30,22 €	27,60 €
31.10.2007	29,10 €	27,60 €
01.11.2007	28,24 €	27,60 €
02.11.2007	27,50 €	27,60 €

Damit ist das Initial-Stop-Loss von 27,60 € unterschritten (grau unterlegtes Feld in der Grafik) und ein gültiges Verkaufssignal ausgelöst worden.

Sie erhalten am nächsten Handelstag mit der Dringlichkeitsstufe 1 eine E-Mail oder ein Fax sowie eine SMS, in der wir Ihnen empfehlen, die Aktie „Growing Wonder" mit einem Limit oder „bestens" zu verkaufen.

Sie erhalten in einer übersichtlichen Tabelle zusammengefasst alle relevanten Daten, um bei Ihrer Bank umgehend eine Verkaufsorder aufgeben zu können. Im Einzelnen erhalten Sie folgende Daten:

1. Name der Aktie
2. Tickersymbol der Aktie (bei Verkauf an einer US-Börse)
3. ISIN (International Securities Identifikation Number)
4. WKN (Wertpapierkennnummer)
5. Börsenplatz
6. empfohlenes Verkaufslimit
7. Schlusskurs des Vortages (oder aktuelle Taxe, falls bekannt)
8. aktueller Euro/US-Dollar-Kurs (bei Verkauf an einer US-Börse)
9. das (unterschrittene) Initial-Stop-Loss

10.3.2. Das dynamische Stop-Loss

Zur Erinnerung: Dieser Wechsel vom Initial-Stop-Loss zum dynamischen Stop-Loss dient dem Zweck, der Aktie Raum zu völlig normalen und gesunden Zwischenkorrekturen zu gewähren und damit Sie als Investor nicht bei jeder unbedeutenden Kurskorrektur ausgestoppt werden.

Die nachstehende Grafik verdeutlicht das Prinzip: Nach dem Ausbruch wird die Aktie über das Initial-Stop-Loss (8% vom Kaufkurs) „mental" abgesichert. Sobald ein neues Schlusshoch erreicht wird, das mehr als 15% über dem Initial-Stop-Loss liegt, gilt das dynamische Stop-Loss (15% vom jeweils neuen Schlusshoch).

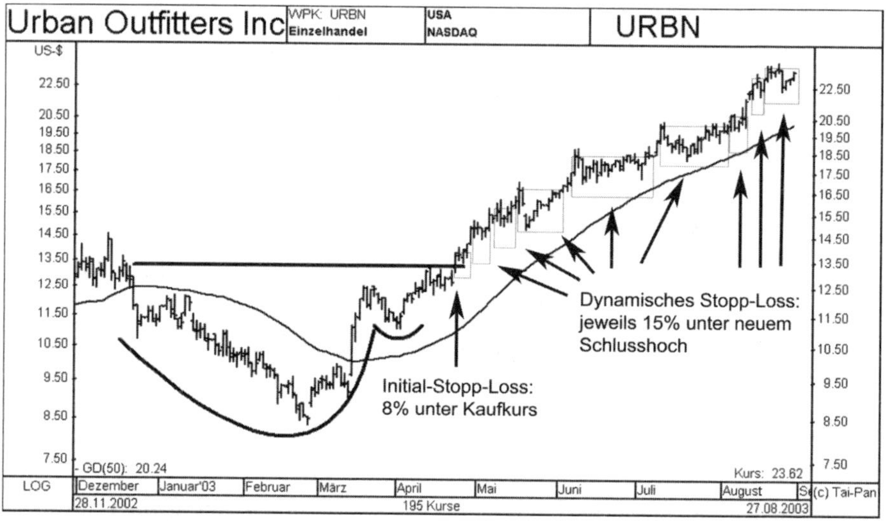

Ich habe das dynamische Stop-Loss deshalb in die Momentum Trader-Strategie eingebaut, weil ich bei meiner Analyse der großen Kursgewinner festgestellt habe, dass die wirklich guten Wachstumswerte während der Aufwärtsbewegung selten stärker als 15% korrigieren, gemessen vom jeweils neuen Rekordhoch, auf dem die Aktie schließt.

Steigt der Kurs der empfohlenen Aktie gemäß unseren Erwartungen an, bleibt das Initial-Stop-Loss so lange bestehen, bis es von dem dynamischen Stop-Loss überschritten wird.

Funktionsweise von Initial-Stop-Loss und erhöhtem Stop-Loss an einem fiktiven Beispiel

Datum	Neues Schlusshoch	Initial-Stop-Loss (8%)	erhöhtes Stop-Loss (15%)
26.10.2007	30,00 €	27,60 €	
29.10.2007	32,00 €	27,60 €	27,20 €
30.10.2007	32,35 €	27,60 €	27,50 €
31.10.2007	32,50 €		27,63 €
01.11.2007	33,87 €		28,79 €
02.11.2007	35,79 €		30,42 €

Beispiel: In der Tabelle habe ich für Sie das jeweils gültige Stop-Loss grau unterlegt: Solange das dynamische Stop-Loss kleiner als das Initial-Stop-Loss ist, bleibt das Initial-Stop-Loss gültig. Das dynamische Stop-Loss gilt ab dem Zeitpunkt, ab dem es das Initial-Stop-Loss übersteigt. Sobald eine Anpassung des dynamischen

Stop-Losses erforderlich wird, werden Sie darüber vom Momentum Trader informiert.

10.3.3 Das müssen Sie tun, wenn das dynamische Stop-Loss ausgelöst wird

Der Momentum Trader stellt am Ende eines Handelstages nach dem Kauf fest, dass die empfohlene Aktie unter dem dynamischen Stop-Loss geschlossen hat. Damit ist ein gültiges Verkaufssignal ausgelöst worden. Sie erhalten am darauffolgenden Börsentag vormittags mit der Dringlichkeitsstufe 1 eine E-Mail oder ein Fax, in der wir Ihnen empfehlen, die Aktie mit einem Kurslimit oder „bestens“ zu verkaufen. Falls Sie SMS-Benachrichtigung gewünscht haben, erhalten Sie zusätzlich eine SMS mit allen für einen Verkauf notwendigen Orderdaten.

Sie erhalten dazu in einer übersichtlichen Tabelle zusammengefasst alle relevanten Daten, um bei Ihrer Bank umgehend eine Verkaufsorder aufgeben zu können. Im Einzelnen erhalten Sie folgende Daten:

1. Name der Aktie
2. Tickersymbol der Aktie (bei Verkauf an einer US-Börse)
3. ISIN (International Securities Identifikation Number)
4. WKN (Wertpapierkennnummer)
5. Börsenplatz
6. empfohlenes Verkaufslimit
7. Schlusskurs des Vortages (oder aktuelle Taxe, falls bekannt)
8. aktueller Euro/US-Dollar-Kurs (bei Verkauf an einer US-Börse)
9. das (unterschrittene) dynamische Stop-Loss

Damit erhalten Sie alle für den reibungslosen Verkauf notwendigen Daten.

Nur ein Narr versucht, noch den letzten
Dollar herauszuholen.
Joe Kennedy, Vater von John F. Kennedy und Börsianer

10.4 Sonstige Ausstiegsmöglichkeiten

Der Momentum Trader behält sich vor, Verkaufsempfehlungen auch außerhalb der vorgestellten Regeln auszusprechen.

Diese nicht geregelten Verkaufsempfehlungen dienen jedoch einzig und allein dem Zweck, Aktienpositionen verkaufen zu können, die noch NICHT ausgestoppt wurden – mithin zu Ihrem Schutz.

Nachfolgend stelle ich Ihnen einige der wichtigsten möglichen Verkaufsmaßnahmen vor.

10.4.1 Verkauf/Gewinnmitnahmen aufgrund eines Trendwechsels am Markt

Wir hatten schon einmal festgestellt, dass etwa 75% aller Aktien der am Markt vorherrschenden Trendrichtung folgen. Befindet sich der Aktienmarkt in einem Abwärtstrend, besteht somit die Gefahr, dass etwa dreiviertel der von uns empfohlenen Aktien ebenfalls abwärts tendieren.

In einem solchen Fall behält sich der Momentum Trader vor, bestehende Aktienpositionen vorzeitig, ganz oder teilweise zum Zwecke der Gewinnmitnahme zum Verkauf zu empfehlen.

10.4.2 Verkauf aufgrund ungünstiger Entwicklung der Handelsumsätze

Solange Aktien aufwärts tendieren, folgen die Umsätze in aller Regel diesem Trend. So werden neue Kurshochs zumeist von überdurchschnittlichen Handelsvolumina begleitet.

Steigt eine Aktie auf ein neues Rekordhoch bei unterdurchschnittlichen Umsätzen, so kann dies ein Verkaufssignal sein.

In einem solchen Fall behält sich der Momentum Trader vor, bestehende Aktienpositionen vorzeitig, ganz oder teilweise zum Zwecke der Gewinnmitnahme zum Verkauf zu empfehlen.

10.5 Sie müssen nicht immer richtig liegen …

Dem Momentum Trader ist klar, dass nicht jede seiner Empfehlungen erfolgreich sein wird. Das ist aber auch nicht entscheidend. Die nebenstehende Tabelle verdeutlicht, was ich damit meine:

Angenommen, Sie setzen 100.000 € für die Momentum Trader-Strategie ein. Für jede Position, die Sie kaufen, setzen Sie 10.000 € ein. Von zehn Empfehlungen, die der Momentum Trader macht, liegen fünf, also 50% oder die Hälfte aller Empfehlungen daneben. Die restlichen Empfehlungen sind mehr oder minder er-

Sie müssen nicht immer richtig liegen...

	Anlagekapital	Gewinn/Verlust bezogen auf	
Trades	100.000	Position	Anlagekapital
1	-800	-8%	-0,8%
2	-800	-8%	-0,8%
3	-800	-8%	-0,8%
4	-800	-8%	-0,8%
5	-800	-8%	-0,8%
6	1.000	10%	1,0%
7	2.000	20%	2,0%
8	5.000	50%	5,0%
9	6.000	60%	6,0%
10	10.000	100%	10,0%
Depotwert	120.000	Gewinn	20,0%

folgreich: Der Kursgewinn in einer einzelnen Position rangiert zwischen +10% und +100%.

Ich denke, das sind durchaus realistische Erwartungen:

- nur eine von zehn Empfehlungen ist ein absoluter „Kursverdoppler",
- zwei Empfehlungen sind sehr gute Trades,
- zwei Empfehlungen waren nicht der „Hit", aber ganz ok.

Obgleich also die Quote von Misserfolgen bei 50% liegt, hat Ihr Depot nach zehn Trades nach dieser Modellrechnung 20% an Wert gewonnen.

Warum?

- Weil der Momentum Trader KONSEQUENT die Verluste in den Verlusttrades auf 8% beschnitten hat,
- weil wir die Gewinne in den Gewinntrades „laufen" ließen

Sie sehen: Sie müssen nicht immer richtig liegen, aber sich schützen, wenn Sie falsch liegen. Und das ist nur möglich, wenn Sie Verluste OHNE WENN UND ABER im Keim ersticken.

Ein schöner Nebeneffekt einer solchen konsequenten Verlustbegrenzung ist, dass das Kapital aus diesen Verlusttrades Ihnen direkt wieder für eine Neuanlage in einer anderen Empfehlung zur Verfügung steht.

Übrigens: Diese Modellrechnung bezieht sich auf 10 Trades. Der Momentum Trader wird voraussichtlich durchschnittlich etwa drei bis vier Empfehlungen pro Monat geben. Das macht auf's Jahr gerechnet 36 bis 48 Empfehlungen, durchschnittlich geschätzte 40.

Da, wie gerade aufgezeigt, nicht jeder Trade ein Mega-Erfolg werden wird, werden einige Trades früher oder später ausgestoppt. Daher werden Sie voraussichtlich selten mehr als drei bis vier Positionen gleichzeitig im Depot halten.

Betrachten Sie die 8% Verlust in einem Trade einfach als eine Versicherungsprämie: Wenn Sie Ihr Leben mit einer Risiko-Lebensversicherung absichern, zahlen Sie für die Dauer des Versicherungszeitraumes regelmäßig eine Versicherungsprämie. Sie zahlen diese Prämie, obwohl Ihnen klar ist, dass dieses Geld verloren ist. Obwohl Sie nicht ernsthaft damit rechnen, vor Ablauf der Versicherung zu sterben. Aber falls doch, ist Ihre Familie abgesichert. Und das ist der „springende Punkt".

Beim Investieren in Aktien ist es nicht anders: Schützen Sie Ihr Kapital wie Ihr Leben, denn es ist das WICHTIGSTE, was Sie haben (beim Investieren!). Je weniger Kapital vorhanden ist, desto geringer wird Ihre Chance, den entstandenen Schaden wieder wett zu machen.

11 Risiken der Momentum-Strategie

Keine Strategie ist ohne Risiken. Auch die Momentum Trader-Strategie kann sich davon nicht freisprechen. Ich habe Ihnen jedoch ausführlich erläutert, dass die Momentum Trader-Strategie von mir so konzipiert wurde, dass das Risiko so gering wie möglich gehalten wird.

- Vor der Begrenzung von Verlusten steht das Vermeiden absehbarer Verluste. Das bedeutet: Warum sollen Sie zu 100% in Aktien investiert sein, wenn der Aktienmarkt erkennbar abwärts tendiert? Um Marktchancen und Marktrisiken besser beurteilen zu können, habe ich das Momentum Trader Markt-Barometer entwickelt, das ich Ihnen auf den nachfolgenden Seiten im Detail vorstelle.
- Die systematische Auswahl nach wichtigsten fundamentalen Kriterien reduziert das Ausgangsrisiko der für eine Empfehlung in Frage kommenden Aktien: Ertragsstarke Unternehmen mit hohen Gewinnen und geringen Schulden bewahren Sie auch in schwierigen Zeiten vor schmerzhaften Verlusten.
- Durch das in der Momentum Trader-Strategie praktizierte Timing des Aktienkaufs verringert sich das Risiko eines größeren Rückschlages. Nur wenige Aktien fallen nach dem Ausbruch wieder in die Basis zurück.
- Das innovative Stop-Loss-System, das ich in der Momentum Trader-Strategie anwende, bewahrt Sie weiterhin vor extremen Verlusten. Denn Verluste werden von Beginn an auf 8% des Kaufkurses reduziert.

11.1 Kursrisiken

Dennoch kann es in Ausnahmefällen dazu kommen, dass der Kurs einer Aktie nach meiner Verkaufsempfehlung stärker als erwartet nachgibt und damit der tatsächliche Verlust deutlich über die 8%-Marke hinaus geht.

Die nachstehende Tabelle zeigt, wie sich der Verlust in einer Einzelaktie auf Ihr Gesamtdepot auswirkt. Da Sie mit der Momentum Trader-Strategie maximal 8 Aktien gleichzeitig im Depot halten, beziehen sich die Berechnungen auf das Verlustrisiko in einer Position (12,5% des für die Strategie eingesetzten Kapitals). Sie sehen, dass aufgrund dieser Gleichgewichtung von Positionen selbst bei einem unvorhergesehenen Verlust von -50% in einer Einzelposition das Verlustrisiko, auf Ihr Gesamtdepot bezogen, gerade einmal -6,25% ausmacht.

Auswirkung von Verluste in einer Einzelposition auf Ihr für die Momentum Trader-Strategie eingesetztes Kapital						**Risiko bezogen auf ein-gesetz-tes Kapital**
Eingesetztes Kapital	80.000	160.000	300.000	500.000	1.000.000	
Größe einer Einzelposition (12,5%)	10.000	20.000	37.500	62.500	125.000	
Risiko bei 8% Verlust	800	1.600	3.000	5.000	10.000	1,00%
Risiko bei 20% Verlust	2.000	4.000	7.500	12.500	25.000	2,50%
Risiko bei 30% Verlust	3.000	6.000	11.250	18.750	37.500	3,75%
Risiko bei 40% Verlust	4.000	8.000	15.000	25.000	50.000	5,00%
Risiko bei 50% Verlust	5.000	10.000	18.750	31.250	62.500	6,25%

Hinweis: Da das Momentum Trader-Depot maximal 8 Positionen enthalten kann, entfallen auf eine Einzelposition 12,5% des für die Strategie eingesetzten Kapitals. Alle Zahlen in Euro

12 Mit dem Momentum Trader Markt-Barometer immer angemessen investiert

Bislang war alles blanke Theorie. Geld verdienen Sie natürlich erst dann, wenn Sie die Momentum Trader-Empfehlungen auch real in Kauf oder Verkauf umsetzen. Wie Sie das tun, werde ich Ihnen nun Schritt für Schritt erläutern.

In Kapitel 3 („Erfolg an der Börse“) habe ich Ihnen bereits viel zum Thema Kursverluste gesagt. Ich möchte an dieser Stelle noch einmal betonen: Verluste frühzeitig zu begrenzen, ist die wichtigste Komponente für dauerhaft erfolgreiches Investieren am Aktienmarkt.

Es gibt jedoch noch einen zweiten Aspekt dieser Erfolgskomponente: Das Vermeiden von absehbaren Kursverlusten. Damit meine ich schlicht und einfach: Wenn die aktuellen Risiken am Aktienmarkt zu groß sind, wächst auch die Gefahr für Fehlsignale. Und damit das Risiko, bei Neuinvestitionen umgehend falsch zu liegen und sich (vermeidbare) Kursverluste einzuhandeln.

Damit Sie die Marktrisiken besser einschätzen können, habe ich das Momentum Trader Markt-Barometer entwickelt, das Ihnen sozusagen eine Prognose über die Wetterlage am Aktienmarkt liefert. Mithilfe dieses Barometers können sie fortan Ihre Aktieninvestitionen an die Marktrisiken anpassen.

12.1 Vermeiden ist besser als verlieren

Genauso wenig wie Sie ohne Schirm aus dem Haus gehen sollten, wenn ein Regenschauer droht, sollten Sie nur bedingt am Aktienmarkt investieren (oder investiert sein), wenn stürmische Zeiten drohen. Geradezu überlebenswichtig ist das Vermeiden von absehbaren Kursverlusten, wenn Sie Ihre Aktienanlagen mit Effektenkrediten „hebeln“. Für die Inanspruchnahme eines Effektenkredites zahlen Sie fortwährend Kreditzinsen. Vor allem jedoch müssen Sie diesen Kredit irgendwann zurückzahlen können. Wenn Sie also in einer Abwärtsphase des Marktes investieren (und investiert bleiben), schädigen Sie sich gleich doppelt: Sie reduzieren nicht nur Ihr Vermögen, sondern müssen zusätzlich für den verlorenen Teil der Kreditsumme geradestehen.

Dazu ein kleines Rechenbeispiel: Sie verfügen neben Ihrem für Aktien eingesetzten Vermögen von 100.000 € über einen Effektenkredit in Höhe von 50.000 €. Wenn Sie zu 100% investiert sind und Ihr Depot 20% an Wert verliert, so beträgt Ihr tatsächlicher Vermögensschaden 30% oder 30.000 €. Sie verfügen also tatsächlich nur noch über ein für Aktieninvestitionen verfügbares Kapital von 70.000 €. Bei Kursverlusten von 30% beträgt der Gesamtschaden bereits

45%. Bei einem Wertverlust von 50% Ihres Depotwertes „hebeln" Sie den Kollateralschaden für Ihr Vermögen auf satte 75%! Dabei sind die Zinsen für den Kredit jeweils noch gar nicht eingerechnet.

Wenn Sie nun zusätzlich auch noch mit Hebelinstrumenten wie Futures, Optionen, Optionsscheinen oder Zertifikaten arbeiten und dann falsch liegen, kann bei einem Marktrückgang um nur 30% ganz schnell ein Totalverlust entstehen.

12.2 Sie müssen nicht immer investiert sein

Erinnern Sie sich an meine Aussage „in Auf- und Abwärtstrends bewegen sich rund 75% aller Aktien mit dem Markt"? Dies bedeutet im Klartext: In einem Abwärtstrend stehen Ihre Chancen 1:3, einen Gewinner-Titel aus dem Meer der Aktien herauszufischen. Anders gesagt: Nur jeder vierte Kauf hat in einer Abwärtsphase des Marktes die Chance auf einen Kurszuwachs.

Es macht daher keinen Sinn, stets und zu jeder Zeit am Aktienmarkt in voller Höhe engagiert zu sein. Denn: Wie im Leben geht es auch an der Börse rauf und runter. Erinnern Sie sich an den Anfang dieses Jahrhunderts: Zwischen März 2000 und März 2003, also 3 Jahre lang, fielen die Kurse an den Aktienmärkten nahezu unablässig, manche Aktienkurse gar wie Steine. Der DAX verlor in dieser Zeitspanne rund 5.950 Punkte oder 73% seines Wertes. Von März 2003 bis Januar 2004 tendierte der DAX aufwärts und legte in nur 10 Monaten 1.987 Zähler oder fast 91% zu. Dem folgte bis Ende 2004, also über eine Dauer von 11 Monaten, eine Seitwärtsphase, in welcher der DAX in einer Bandbreite von knapp 560 Punkten hin und her pendelte.

In der Phase zwischen 2000 und 2003 wären Sie am besten gefahren, wenn Sie mit zunehmend fallenden Kursen Ihren Kapitaleinsatz am Aktienmarkt immer weiter zurückgefahren hätten. Über weite Strecken wären Sie in dieser Zeit besser gar nicht investiert gewesen. Von den Kurszuwächsen in den 11 Monaten ab März 2003 hingegen hätten Sie optimal profitiert, wenn Sie mit den steigenden Kursen Ihren Kapitaleinsatz auf bis zu 100% hochgefahren hätten.

Wenn ich also schon im Vorhinein abschätzen kann, dass die Marktrisiken aktuell sehr hoch sind, sollte ich – wenn überhaupt – nur mit einem angemessenen Teil meines für Aktieninvestitionen vorgesehenen Kapitals investiert sein.

12.3 Mit dem Momentum Trader zur richtigen Zeit investiert

Auch in diesem Punkt unterscheidet sich der Momentum Trader von herkömmlichen Börsendiensten: Wie bei Ebbe und Flut werden Sie in Aufwärtstrends aufgrund des Momentums zunehmend durch Neuempfehlungen in den Markt „gespült“ und reduzieren in Abwärtstrends durch ausgelöste Stopps oder Verkaufsempfehlungen Ihr Risiko. Der Momentum Trader wird Ihnen keine Kaufempfehlung nur um der Empfehlung willen geben, wenn die Marktrisiken absehbar hoch sind. Tatsächlich empfehle ich in solchen abwärts gerichteten Marktphasen keine neuen Investments.

Wie das funktioniert, haben die Leser des Momentum Trader seit dem Jahr 2007 mehrfach erfahren dürfen: Während die meisten Börsendienste in den Abwärts- und Crash-Phasen der letzten Jahre durchgängig investiert blieben oder gar noch (vermeintlich günstig) zukauften, empfahl ich meinen Lesern mehrmals, das Depot komplett zu räumen. Tatsächlich konnten Momentum Trader-Abonnenten sogar in vielen Fällen mit einem DAX-Short-ETF zusätzlich von dem Kursrückgang profitieren. Anstatt die Kursverluste in solchen Abwärtsphasen auszusitzen, hatten meine Leser zuvor größere Gewinne realisiert oder höchstens kleinere Verluste eingesteckt. Mit oftmals 100% Cash konnten sie die diversen Crashs dann ganz entspannt von der Seitenlinie aus verfolgen.

Das ist exakt das, was ich unter „dem Vermeiden von absehbaren Kursverlusten“ verstehe. Meine Analyse der Märkte hatte ergeben, dass die Risiken für Aktien sehr hoch waren. Es machte daher keinen Sinn, meinen Lesern Kaufempfehlungen zu geben. Tatsächlich war es sogar besser, sich vorübergehend vom Aktienmarkt zu verabschieden und damit die Risiken für Ihr Kapital zu minimieren. Stellen Sie sich ruhig einmal die Frage, ob Ihnen schon einmal ein Börsendienst eine solche Empfehlung gegeben hat.

12.4. Warum es wichtig ist, die Wetterlage an der Börse zu kennen

Tatsächlich ist es also von hoher Wichtigkeit, zu jeder Zeit zu wissen, welches „Wetter“ an den Märkten gerade herrscht oder ob ein Wetterwechsel bevorsteht. Um Ihnen ein Gefühl für den aktuell vorherrschenden Markttrend zu vermitteln und Ihnen ein Instrument an die Hand zu geben, mit dem Sie zu jederzeit Chancen und Risiken der aktuellen Marktsituation einschätzen können, habe ich das Momentum Trader Markt-Barometer entwickelt.

Sie kennen das „Wetter-Barometer“: Es misst den Luftdruck, um daraus eine Vorhersage für die Wetterentwicklung zu treffen. Ein steigender Luftdruck wird als Anzeichen für gutes und ein fallender Luftdruck als Anzeichen für schlechtes Wetter interpretiert. Natürlich gibt ein Barometer keine exakten meteorologischen Prognosen ab. Aber Sie können an ihm in den überwiegenden Fällen ablesen, wie sich das Wetter tendenziell entwickeln wird. Und das ist entscheidend.

Wenn ihr Barometer daheim schlechtes Wetter „vorhersagt“, so werden Sie die dazu passende Kleidung wählen, bevor Sie aus dem Haus gehen: Droht Regen, so werden Sie einen Schirm mitnehmen, um sich im Falle eines Falles davor schützen zu können. Prognostiziert Ihr Barometer Sonnenschein und hohe Temperaturen, werden Sie kaum zum Wintermantel greifen, wenn Sie Ihr Heim verlassen.

Auch an den Börsen wechselt die Wetterlage: Auf strahlenden Sonnenschein kann schon einmal ein Sturm folgen oder ein heftiger Kälteeinbruch. Bevor Sie auch nur einen Cent im Aktienmarkt investieren, sollten Sie wissen, welche „Wetterlage“ gerade vorherrscht. Denn nur dann können Sie der Börse in angemessener „Kleidung“ gegenüber treten.

12.5. Das Momentum Trader Markt-Barometer: Ihre Wettervorhersage für die Börse

Im Momentum Trader mache ich in unregelmäßigen Abständen eine Art „Gesundheits-Check“ der Märkte. Dazu analysiere ich die wichtigsten Einflussfaktoren auf die Aktienbörsen und stelle Ihnen die Erkenntnisse daraus gratis in einer Marktanalyse zur Verfügung. Damit Sie jedoch auch in der Zwischenzeit stets einen Überblick über die aktuelle Wetterlage an den Börsen bekommen, habe ich diese Erkenntnisse systematisiert und im Momentum Trader Markt-Barometer zusammengefasst.

Mit dem Momentum Trader Markt-Barometer halten Sie künftig ein Instrument in der Hand, das Ihnen einmal pro Woche eine „Wettervorhersage“ für die Aktienmärkte liefert. Sie finden dieses Markt-Barometer jeden Sonntag in Ihrer Wochenübersicht auf der Depotseite.

12.6. So nutzen Sie das Momentum Trader Markt-Barometer für Ihre Investitionen

Der „Füllstand“ des Markt-Barometers zeigt Ihnen an, ob Sie in der anstehenden Woche an der Börse vermutlich eher Ihren Wintermantel oder Ihre Sonnenbrille brauchen. Wenn das Momentum Trader Markt-Barometer einen Sturm ankündigt, sollten Sie nicht gerade in Bikini oder Badehose herumlaufen.

Auf die Börse übertragen heißt das: Zeigt das Markt-Barometer einen Investitionsgrad von 20% an – kündigen sich dementsprechend also stärkere Herbststürme an – könnte es für Sie fatale Folgen haben, wenn Sie Ihr für Aktieninvestitionen vorgesehenes Kapital komplett am Aktienmarkt investiert haben. Das Risiko für einschneidende Kursverluste ist in diesem Fall nämlich sehr hoch.

12.6.1 Die Ampelfunktion des Momentum Trader Markt-Barometers

Um die Marktrisiken beurteilen zu können, habe das Momentum Trader Markt-Barometer in farblich gekennzeichnete Zonen unterteilt. Wie bei einer Ampel zeigen diese Zonen den Gefahrenstand der aktuellen Marktsituation an.

Grüne Zone: **Freie Fahrt am Aktienmarkt.**
Die Aktienmärkte befinden sich in Aufwärtstrends. Die den Markt beeinflussenden Faktoren tendieren ebenfalls zu Gunsten der Aktien. In dieser Marktphase sind die Risiken von Aktien-Investments relativ gering. Ihr Investitionsgrad sollte/kann zwischen 50 und 100% liegen.

Gelbe Zone: **Bremsen Sie Ihre Euphorie.**
Die Aktienmärkte befinden sich mit hoher Wahrscheinlichkeit in einer Phase des Trendwechsels. Die den Markt beeinflussenden Faktoren geben gemischte Signale. In dieser Marktphase gibt es unterschwellige Risiken für Aktien-Investments. Ihr Investitionsgrad sollte zwischen 20 und 50% liegen.

Orange Zone: **Achtung! Gefahr in Verzug.**
Die Aktienmärkte haben ihre Aufwärtstrends verlassen. Technische Indikatoren geben unmissverständliche Warnsignale. Es besteht das Risiko eines Kursrückganges der Aktienmärkte von 10 bis 15%. Die den Markt beeinflussenden Faktoren tendieren zu Ungunsten von Aktien. In dieser Marktphase sind die Risiken für Aktien-Investments signifikant angestiegen. Fahren Sie Ihren Investitionsgrad auf maximal 20% zurück.

Rote Zone: **Crash-Gefahr!**
Die Aktienmärkte befinden sich in klar definierten Abwärtstrends. Technische Indikatoren haben klare Verkaufssignale gegeben. Es besteht das Risiko eines massiven Kursrückganges der Aktienmärkte um mehr als 15%. Die den Markt beeinflussenden Faktoren tendieren eindeutig negativ für Aktien. In dieser Marktphase ist es für Sie besser, gar nicht in Aktien investiert zu sein!

Momentum Trader Markt-Barometer: 70%					Ihr Investitionsgrad
DAX	50-Tage-Momentum	positiv	10		100%
	50-Tage-Linie	positiv	10		90%
	200-Tage-Linie	positiv	10		80%
Dow Jones Index	50-Tage-Momentum	negativ	0		70%
	50-Tage-Linie	neutral	5		60%
	200-Tage-Linie	positiv	10		50%
Ölpreis	50-Tage-Momentum	positiv	10		40%
Euro / $	50-Tage-Momentum	neutral	5		30%
Zinstrend (Umlaufrendite)	50-Tage-Momentum	negativ	0		20%
Sentiment	VDAX	positiv	10		10%

12.7 Die wichtigsten Einflussfaktoren auf die Aktienmärkte

Wie aber komme ich zur Beurteilung der Marktrisiken, um daraus für Sie eine Prognose abgeben zu können? Nun, wenn Sie so wollen, mache ich ein Screening der die Aktienmärkte beeinflussenden Faktoren. Ich habe in den mehr als 25 Jahren meiner intensiven Beschäftigung mit der Börse herausgefunden, welche Faktoren den größten Einfluss auf die Kursentwicklung an den Aktienmärkten nehmen. Die in meinen Augen 10 wichtigsten Faktoren habe ich in einer Tabelle zusammengefasst.

Jeder dieser 10 Einzelkomponenten wird von mir Woche für Woche bewertet. Für eine positive Bewertung vergebe ich 10, für eine neutrale 5 und für eine negative 0 Punkte. Pro Komponente sind somit bis zu 10 Punkte erreichbar, insgesamt also maximal 100 Punkte. In einem solchen Glückfall haben wir es entsprechend mit einem starken Bullenmarkt zu tun: Die Marktrisiken tendieren gegen Null.

12.8 Die Einzelkomponenten des Momentum Trader Markt-Barometers

12.8.1 Komponenten 1 bis 6: Die Trends der wichtigsten Aktienindizes

Wenn Sie eine Umfrage unter Marktteilnehmer machen würden, welche Aktienindizes sie am meisten beobachten, so würden wohl 2 Indizes an oberster Stelle genannt werden: Der Dow Jones Industriewerte Index in den USA und der DAX für Europa. Beide Indizes spiegeln das Auf und Ab der 30 größten Unternehmen ihres Landes wider und sind damit weltweit wichtige Trendsetter.

Daher messe ich den Trendzustand dieser beiden Indizes an je 3 technischen Indikatoren: Der 50- und 200-Tage-Linie sowie dem 50-Tage-Momentum. Die Tage- oder Durchschnittslinien zeigen die mittel- und langfristige Trendrichtung an. Das Momentum gibt einen Hinweis auf Schubkraft und Geschwindigkeit des Trends. Tendieren diese 3 Komponenten nach oben, so vergebe ich jeweils 10 Punkte. Weist die Tendenz nach unten, so gibt es keine Punkte. In einem Seitwärtstrend bewegen sich die Durchschnittslinien nahezu waagerecht. Das Momentum pendelt um die Nulllinie. In einem solchen Fall vergebe ich jeweils 5 Punkte.

12.8.2 Komponente 7: Der Ölpreis

Auf die an den Börsen gelisteten Unternehmen wirkt eine Vielzahl von Faktoren ein. Ein wichtiger Kostenfaktor für die Wirtschaft ist die Preisentwicklung der Rohstoffe, aus denen die überwiegende Zahl der Produkte gefertigt wird. Einer der wichtigsten Einflussfaktoren, vermutlich sogar der wichtigste, ist Erdöl. Erdöl ist der wichtigste Rohstoff der modernen Industriegesellschaften, der zur Erzeugung von Treibstoffen und für die chemische Industrie herausragende wirtschaftliche Bedeutung besitzt. Es ist sozusagen das Schmiermittel unserer Weltwirtschaft.

Erdöl ist wichtig zur Erzeugung von Elektrizität und dient als Treibstoff nahezu aller Verkehrs- und Transportmittel. Darüber hinaus ist Erdöl wichtiger Bestandteil von Produkten unseres täglichen Lebens: Geschätzte 90% aller chemischen Erzeugnisse werden aus Erdöl und Erdgas gewonnen, darunter Produkte wie Farben und Lacke, Kunststoffe, Arzneimittel, Wasch- und Reinigungsmittel, Parfums und vieles mehr.

Der Preis des „Schwarzen Goldes" beeinflusst daher in hohem Maße die Weltwirtschaft und unser eigenes Leben. Tendiert der Ölpreis höher, so heizt dies tendenziell die Inflation an. Denn nahezu jedes Unternehmen wird davon betroffen, nicht nur die mittel- oder unmittelbar mit der Ölindustrie in Zusammenhang stehenden. Und sei es nur aufgrund höherer Transport- und Energiekosten. Wer mit Öl heizt oder Auto fährt, hat höhere Ausgaben – Geld das wiederum für den Konsum oder Investitionen fehlt. Ein steigender Ölpreis ist daher tendenziell belastend für die Aktienmärkte. Ein sinkender Ölpreis hat hingegen eher entlastende Wirkung auf die Volkswirtschaften und wirkt daher in der Regel kurstreibend.

Das 50-Tage-Momentum des Ölpreises gibt einen Hinweis auf die aktuelle Trendrichtung des Ölpreises. Tendiert das Momentum und damit der Ölpreis aufwärts, so ist dies negativ für die Börsen. Ich vergebe daher null Punkte. Pendelt das Momentum um die Nulllinie oder bewegt sich seitwärts, so ist der Einfluss des Ölpreises neutral zu werten: 5 Punkte. Eine negative Tendenz des Ölpreises, also ein Abwärtstrend, ist hingegen positiv zu sehen: Hierfür gibt es 10 Punkte.

12.8.3 Komponente 8: Parität des Euro zum US-Dollar

Die Relation zweier wirtschaftlich miteinander verknüpfter Volkswirtschaften beeinflusst in hohem Maße die Wirtschaftlichkeit ihrer Im- und Export treibenden Unternehmen. Der Euro ist die Währung der Europäischen Währungsunion und neben dem US-Dollar die wichtigste im Weltwährungssystem. Er ist die gemeinsame offizielle Währung von derzeit 18 europäischen Staaten. Die Relation oder Parität von Euro zu US-Dollar ist damit die weltweit wichtigste zwischen zwei Volkswirtschaften.

Ein starker Euro bringt für die europäische Wirtschaft Vor- und Nachteile, wobei jedoch die Nachteile überwiegen. So wirkt sich ein fester Euro verbilligend auf die importierten und zumeist in US-Dollar gehandelten Rohstoffe aus.

Exporte aus der Eurozone werden hingegen durch einen starken Euro verteuert, schwächen dadurch die zumeist stark auf Export ausgerichteten Wirtschaften der Eurozone. An der Börse drückt dies tendenziell auf die Kurse exportorientierter Unternehmen, während importorientierte Konzerne tendenziell bevorzugt werden. Das Gesagte gilt natürlich in umgekehrter Weise für einen schwachen Euro/festen US-Dollar.

Auch bei Ihren Investitionen in US-Geldanlagen spielt die Währungsentwicklung des US-Dollars gegenüber dem Euro eine wichtige Rolle: Beispielsweise bedeutet ein steigender US-Dollar bzw. sinkender Euro für Sie, dass Ihre Engagements in dieser Währung positiv beeinflusst werden, Sie also tendenziell mit zusätzlichen Währungsgewinnen rechnen dürfen. Ein sinkender US-Dollar bzw. steigender Euro führt hingegen zu Währungsverlusten, die Ihre Performance entsprechend negativ beeinflussen.

Ein steigender Euro/sinkender US-Dollar wirkt sich tendenziell negativ auf die Börsen, vor allem auf die europäischen aus. Ein sinkender Euro/starker US-Dollar hat hingegen eine die Kurse eher stützende Wirkung. Ich messe die Entwicklung der Währungsparität anhand des 50-Tage-Momentums. Ein aufwärts tendierendes Momentum ist deshalb negativ zu werten – in einen solchen Falle gibt es keine Punkte. Ein Momentum, das um die Nulllinie pendelt oder sich seitwärts bewegt, ist neutral zu werten: Ich vergebe dann 5 Punkte. Ein Abwärtstrend des Momentums und mithin der Währungsparität ist positiv zu sehen: 10 Punkte.

12.8.4 Komponente 9: Zinsen

Zinsen bestimmen die Höhe des Finanzaufwandes für Verbindlichkeiten und Schulden. Hohe Zinsen verteuern daher Kredite und reduzieren damit die insgesamt ausgereichten Kredite an Unternehmen und Konsumenten. Eine geringere Kreditvergabe wirkt sich wiederum negativ auf den Konsum und in der Folge negativ auf die Gewinnentwicklung der Unternehmen aus. Sinkende Zinsen erleichtern hingegen die Kreditvergabe, erhöhen damit die Nachfrage nach Konsumgütern, was wiederum zu erhöhter Produktion und der Schaffung von Arbeitsplätzen, höheren Einkommen und steigenden Gewinnen in den Unternehmen führt.

Fallende Zinsen verringern aber beispielsweise auch die Attraktivität einer nationalen Währung, da sie die Renditen der Zinserträge schmälern, die aus verzinslichen Anlagen in dieser Währung zu erzielen sind. Steigende Zinsen erhöhen umgekehrt die Attraktivität einer Währung. Die Steuerung der Zinsen durch die

Notenbanken hat daher auch hohen Einfluss auf die Entwicklung der Währungsparitäten. Diese wirken sich in aller Regel mit einer zeitlichen Verzögerung aus.

Beispielsweise hatte die US-Notenbank FED (Federal Reserve Bank) von Juni 2004 bis August 2006 in insgesamt 17 Schritten den Leitzins von seinerzeit 1% auf 5,25% nach oben geschleust. Um ihr hohes Leistungsbilanzdefizit zu finanzieren, war die USA genötigt, Anlagen in US-Dollar für ausländische Anleger attraktiv zu gestalten. Mit den steigenden Zinsen sorgte sie dafür, dass Liquidität aus dem Ausland in die USA floss und im Anleihe-/Rentenmarkt angelegt wurde.

Aus dieser Zinserhöhungspolitik resultierte eine deutliche Vergrößerung des Renditeabstandes zwischen US-Bonds und Anleihen der restlichen Welt. Betrug der Renditeunterschied zwischen US- und deutschen Anleihen zu Beginn des Zinsanhebungs-Zyklus im Jahr 2004 gerade einmal 0,29% zu Gunsten der US-Papiere, so lag er im Jahr 2006 über weite Strecken bei rund 1,2%. Aufgrund der anziehenden Nachfrage nach (höher) verzinslichen US-Dollaranlagen verbilligte sich der Euro gegenüber dem US-Dollar: Von Ende 2004 bis Ende 2005 sank der Wert des Euro von 1,36 auf 1,16 €/$ oder um fast 15%!

Für die Bewertung der Komponente Zinsen ziehe ich die Entwicklung der Umlaufrendite heran. Die Umlaufrendite ist die durchschnittliche Rendite aller im Umlauf befindlichen festverzinslichen deutschen Anleihen erster Bonität und eignet sich damit besonders gut für eine Einschätzung der Zinsentwicklung. Auch diese beurteile anhand des 50-Tage-Momentums. Ein fallendes Momentum (also sinkende Zinsen) ist positiv zu werten und wird von mir mit 10 Punkten belohnt. Eine Seitwärtsbewegung ist neutral zu bewerten, weshalb ich in einem solchen Fall 5 Punkte vergebe. Eine anziehende Umlaufrendite ist negativ zu beurteilen: Null Punkte.

12.8.5 Komponente 10: Sentiment/Marktstimmung

Schon Börsen-Altmeister André Kostolany sagte: „Börse ist Geld und Psychologie.“ Emotionen beeinflussen die Marktteilnehmer weit mehr als gemeinhin angenommen. Angst und Gier verändern das Verhalten selbst der rationalsten Menschen.

Mit hoher Wahrscheinlichkeit haben Sie an sich selbst schon nachfolgende Handlungsweisen bemerkt: Sie verkaufen zu früh – die Kurse steigen danach noch weit stärker. Sie kaufen zu spät oder gar am absoluten Höchststand. Sie schauen zu, wie aus einem Gewinn Ihrer Position ein Verlust wird, der sich immer weiter vergrößert, aber Sie sind unfähig, die Verlustposition glatt zu stellen.

Die meisten Börsianer haben eine Meinung zur künftigen Marktentwicklung. Und entsprechend dieser Ansicht positionieren sie sich. Wenn die Investoren optimistisch in die Börsenzukunft blicken, dann sind Ihre Investments längerfristig ausgerichtet, da sie ein großes Vertrauen in die künftige Kursentwicklung haben. Schauen die Marktteilnehmer hingegen eher pessimistisch in die Börsenzukunft, dann neigen sie zu kürzeren Haltefristen ihrer Positionen. Kurzschlusshandlungen aufgrund der Nachrichtenlage und nicht selten Panikreaktionen führen verstärkt zu Verkäufen, was sich wiederum in stark schwankenden Notierungen niederschlägt. Die Einschätzung / Stimmung der Marktteilnehmer über die künftige Entwicklung der Aktienmärkte wirkt also auf die Märkte selbst.

Die Schwankungsbreite eines Marktes oder einer Aktie bezeichnet man als Volatilität. Die Volatilität ist also Ausdruck des Unsicherheitsgrades der Marktteilnehmer und somit ein Sentiment-Indikator. Der Volatilitätsindex VDAX misst täglich die Schwankungsbreite im DAX, dem europäischen Leitindex. Somit eignet sich der VDAX hervorragend als Sentiment-Indikator.

Der folgende Chart zeigt die Entwicklung des VDAX seit 1996. In jenem Jahr wurde auch der bisherige untere Extrempunkt mit 10,09 Punkten (20.9.1996) festgestellt. Es war der Ausgangspunkt für eine sensationelle, 10-monatige Kursrallye, in deren Verlauf sich der DAX im Wert verdoppelte. Seinen oberen Extremwert erreichte der VDAX am 17.10.2008 mit 64,29 Zählern. In den 5 vorausgegangenen Wochen war der DAX um gut -23% eingebrochen.

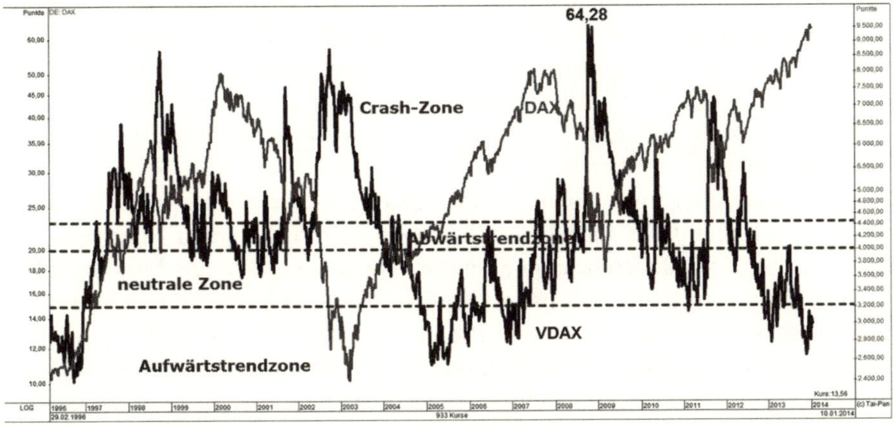

Um die VDAX-Werte in ihrer Dimension einordnen zu können, habe ich eine Art Wertungssystem erstellt: Werte bis 15 werden in der Regel in bullishen, also stark aufwärts gerichteten Marktphasen erreicht. Der Bereich zwischen 15 und

20 ist als „neutrale Zone“ anzusehen. Hier kommt es zu kleineren oder mittleren Auf- und Abwärtsbewegungen. Stärkere Abwärtsbewegungen werden überwiegend von VDAX-Werten über 20 begleitet, sind also bearish einzuordnen. Bei VDAX-Ständen oberhalb von 23 wächst die Gefahr eines Crashs, zumindest jedoch beschleunigt sich in aller Regel die Abwärtsbewegung des Marktes.

Diese Sentiment-Komponente wird von mir wie folgt bewertet: Ein VDAX-Wert bis 15 ist als „positiv“ einzustufen und wird mit 10 Punkten „belohnt“. Werte zwischen 15 und 20 erhalten eine „neutrale“ Einstufung und 5 Punkte. Ein VDAX oberhalb von 20 ist „negativ“ zu sehen – hier vergebe ich keine Punkte.

Sie sehen: Mit dem Momentum Trader Markt-Barometer halten Sie künftig ein wertvolles Instrument für Ihre Investitionen in der Hand. Es ist deshalb so wertvoll, weil es die wichtigsten, auf die Börsen einwirkenden Einflussfaktoren in eine Gesamtanalyse einbezieht. Auf diese Weise spiegelt das Momentum Trader Markt-Barometer zu jeder Zeit den aktuellen Zustand des Aktienmarktes wider und ermöglicht Ihnen so, dem Aktienmarkt „in angemessener Kleidung“ gegenüberzutreten.

Aktien-Investments vorübergehend uninteressant?Dann verdienen wir eben mit Rohstoffen!

Wenn die Vorzeichen am Aktienmarkt eher negativ sind, bleibt das „Momentum Trader“-Depot dennoch nicht untätig. Dann weichen wir einfach vorübergehend auf den Rohstoffmarkt aus. In den vergangenen Jahren wurden zahlreiche ETCs (Exchange Traded Commodities; börsengehandelte Rohstoffe) und ETFs (Exchange Traded Funds; börsengehandelte Fonds) aufgelegt, mit denen Sie ohne erhöhtes Risiko problemlos profitable Trends in einzelnen Rohstoffen für sich nutzen können.

ETCs verbriefen einen Anteil an einer entsprechenden Menge eines Rohstoffes. Dieser Rohstoff ist ausgelagert und nicht beim Emittenten hinterlegt, wodurch das bei Zertifikaten bekannte Emittentenrisiko entfällt. Die Vorteile: ETCs können, wie auch ETFs (Exchange-Traded Funds; Börsen-gehandelte Fonds) gehandelt werden wie Aktien. Die Preise sind jedoch nicht von Angebot und Nachfrage für den ETC/ETF abhängig, sondern von der Preisentwicklung des Sondervermögens. Daher handeln Sie einen ETC/ETF auch nicht mit einem anderen Investor, sondern mit einem Market-Maker (Börsenhändler), der fortlaufend Angebots- und Nachfragepreise bietet (ähnlich dem Handel mit Optionsscheinen), die sich am aktuellen Marktpreis des zugrunde liegenden Rohstoffes orientieren.

13 Das Momentum Trader-Depot

Einen Überblick über sämtliche laufenden Empfehlungen des Momentum Trader erhalten Sie einmal pro Woche – jeden Sonntag – in der Wochenübersicht.

Die Tabelle auf der folgenden Seite bietet Ihnen auf einen Blick alles, was Sie zum Handeln brauchen. Zu jedem empfohlenen Wert erhalten Sie die notwendigen Orderdaten wie die Wertpapierkennnummer (WKN), die International Securities Identifications Number (ISIN), das Tickersymbol und den Börsenplatz.

Fast 50 Jahre lang, von 1955 bis zum 22. April 2003 begleitete die WKN das Geschehen um deutsche Wertpapiere. Seither bildet die ISIN die verbindliche alphanumerische Ziffernfolge für die Suche oder das Handeln mit Wertpapieren. Die Kurzvariante, das Tickersymbol, erleichtert vor allem bei US-Aktien die schnelle Abfrage von Kursen oder das Suchen nach Meldungen zum Unternehmen.

Momentum Trader Depot (Stand: 13.12.2013)									
Depotwert Ticker / WKN / ISIN	*Börsenplatz*	*Empf. in Ausgabe*	*Kauf-Datum / -Kurs €/$*	*Aktueller Kurs €/$*	*Veränderung €/$*	*Stop-Loss-Art / Stop-Kurs*	*Empfehlung investierte Leser*	*Empfehlung nachträglicher Einstieg*	*Gewichtung*
Advent Software Inc. ADVS / 897827 / US0079741080	Nasdaq	1058/13	15.05.13 2) 22,005 $ €/$ 1,2880	34,48 $ €/$ 1,3742	$ +56,7% € +46,9% +12,475 $	Mentaler Stop 30,04 $	halten	Kaufen mit Limit 34,30 $	12,5%
Baidu.com Inc. BIDU / A0F5DE / US0567521085	Nasdaq	1087/13	26.08.13 138,50 $ €/$ 1,3370	171,24 $ €/$ 1,3742	$ +23,6% € +20,3% +32,74 $	Mentaler Stop 152,94 $	halten	Kaufen mit Limit 170,20 $	12,5%
Celgene Corp. CELG / 881244 / US1510201049	Nasdaq	1013/12	31.12.12 77,50 $ €/$ 1,3189	09.12.13 170,47 $ €/$ 1,3736	$ +120,0% € +111,2% +92,97 $	-	Verkauft	-	-
Celgene Corp. CELG / 881244 / US1510201049	Nasdaq	1027/13	07.02.13 1) 97,46 $ €/$ 1,3395	164,90 $ €/$ 1,3742	$ +69,2% € +64,9% +67,44 $	Mentaler Stop 145,15 $	halten	Kaufen mit Limit 158,00 $	6,25%

Unter der Rubrik Börsenplatz finden Sie den Handelsplatz, an dem das Wertpapier am stärksten gehandelt wird. Ich empfehle Ihnen, Ihre Orders stets über den hier vorgegebenen Börsenplatz zu leiten. Dies gewährt Ihnen die größtmögliche Wahrscheinlichkeit, dass Ihre Order auch ausgeführt wird. Insbesondere bei US-Aktien erlebe ich es immer wieder, dass diese Werte zwar an deutschen Börsenplätzen gelistet, dort jedoch zumeist nur in geringem Umfang und überdies nur sporadisch gehandelt werden. Weiterhin können Sie der Tabelle zu jeder Zeit das Empfehlungsdatum sowie den Einstiegskurs entnehmen. Bei US-Empfehlungen enthält diese Rubrik zusätzlich die Parität des Euro zum US-Dollar zum Zeitpunkt des Kaufes. Die Spalten „Aktueller Kurs / € / $“ und „Veränderung € / $“ informieren Sie über den aktuellen Stand Ihrer Positionen. Hier erfahren Sie den Wochenschlusskurs der Empfehlung sowie, die Höhe von Gewinn oder Verlust Ihrer Position. Bei US-Empfehlungen enthält die Rubrik Veränderung zusätzlich eine Aufschlüsselung nach der Kursveränderung auf US-Dollar- und auf Euro-Basis. So können unmittelbar erkennen, wie stark die Wertveränderung von der Entwicklung des Euro zum US-Dollar beeinflusst wird.

Für Sie von besonderer Wichtigkeit ist die Spalte Stop-Loss. Dieser Rubrik können Sie jederzeit das aktuell gültige Stop-Loss entnehmen. Bitte beachten Sie, dass sich die Handhabung des Stop-Loss-Limits im Momentum Trader von der vergleichbarer Börsendienste unterscheidet: Alle genannten Stop-Loss-Limits beziehen sich auf die jeweiligen Schlusskurse. Erst wenn eine Aktie unter dem Stop-Loss schließt, ist ein Verkauf am folgenden Handelstag erforderlich, über den Sie umgehend durch mich informiert werden. Alle Stopps sind daher als mentale Stopps zu verstehen und sollen Ihnen lediglich ermöglichen, im Falle eines Kommunikationsausfalls (defektes FAX oder PC), auch selbstständig eine Verkaufsentscheidung treffen zu können. Die Aufgabe einer Stop-Loss-Order bei Ihrer Bank ist nicht notwendig. Diese Handhabung schützt Sie zudem davor, bei dem oftmals volatilen Handel in Wachstumstiteln, ungewollt ausgestoppt zu werden. Falls die sofortige Aufgabe einer Stop-Loss-Order doch einmal erforderlich sein sollte, informiere ich Sie darüber ausdrücklich. Die beiden letzten Spalten sind besonders wichtig für Leser, die neu beim Momentum-Trader sind oder eine der bisherigen Empfehlungen noch nicht umgesetzt haben. Hier erfahren Sie, ob Sie nachträglich noch in eine der bisherigen Empfehlungen einsteigen können und mit welchem Kauflimit oder bis zu welchen Kursen Sie dies maximal tun sollten. Zusätzlich können Sie der letzten Spalte entnehmen, wie hoch Sie eine Position in Ihrem Momentum-Trader-Depot gewichten sollten.